Norwegen
- Südteil

Kristiansund

Molde

Trondheim

Rørvik

Museum Rørvik
M

Die eingezeichnete Schiffsroute ist auf dem *Nordkurs* abwechseln gelb und grün, auf dem *Südkurs* pink und blau. Die Farben wechseln um Mitternacht, sodaß Sie ablesen können, welche Strecke Sie am jeweiligen Tag zurücklegen.

HURTIGRUTEN

NORWEGENS SCHÖNSTE SEEREISE

EIN REISEVERFÜHRER

ELISABETH BARTHELT

VORWORT

Diese Erzählung, versehen mit Tips und Informationen für den Reisenden ist eigentlich eine Liebeserklärung an eine der schönsten Reisen, die es gibt, an ein Land, das schöner ist als jeder Traum und an eine wunderbare, vielleicht ein bißchen abenteuerlich anmutende Reiseform: an Bord eines Postschiffes der "Hurtigrute", fast die ganze Küste Norwegens entlang, von Bergen nach Kirkenes und zurück.

Wir, das heißt Sie und ich, wir werden diese Strecke gemeinsam in 11 Tagen zurücklegen, werden dabei in 36 Häfen anlegen und 2500 Seemeilen kennenlernen.

Kommen Sie doch einfach mit an Bord!

INHALTSVERZEICHNIS

KAPITEL 1: DIE VORBEREITUNGEN

KAPITEL 2: AUF HOHER SEE

3. KAPITEL: WIEDER AN LAND

ANHANG

KAPITEL 1: DIE VORBEREITUNGEN

DER ENTSCHLUß

Es fing alles an einem Freitag an. Das war mein erster Arbeitstag nach den Weihnachtsferien (da hatte die Firma, in der ich arbeite, immer ein paar Tage zu). Und nun war es wieder soweit, die freien Tage lagen hinter mir und neue Aufgaben harrten meiner. - Oh, wie ich mich schon freute auf all den Stress, den Ärger, die viele Post, die eingegangen war, und all die täglichen Komplikationen, die am Arbeitsplatz auf einen lauern. Und zu allem Überfluß war auch noch mieses Wetter und mein Zug hatte Verspätung. Aber gegenüber vom Bahnhof liegt ein Reisebüro. Nur so aus Langeweile ging ich hin und holte mir Reiseprospekte.

Als leidenschaftlicher Skandinavien-Fan ließ ich mir einen Katalog der Hurtigruten geben. Damit würde meine Zugfahrt zum ersten Arbeitstag nicht ganz so grau sein. Und siehe da, nun kam auch der Zug und ich stieg ein. Na wenigstens ein Sitzplatz. Ich blätterte in meinem Prospekt ...

Herrlich, diese Bilder von der Fahrt der Hurtigrute durch eine Natur wie aus dem Märchenbuch. Liebliche Küsten, schroffe Felsen, karge herbe Schönheit, faszinierende Farben, Wechsel aus Licht und Schatten im Zusammenspiel, so, als ob man beim Betrachten die Melodie der Landschaft hört. Eine Symphonie aus wechselnden Stimmungen: mal heiter und beschwingt, mal ernst und melancho-

lisch. Hören Sie sich die Peer Gynt Suite an und Sie hören die Bilder Norwegens in sich selbst. Ich kenne kein zweites Land, das so unterschiedliche Eindrücke wiedergibt und so viele Gesichter hat. In meinen Gedanken war ich dort. Schon viele Male war ich in Norwegen gewesen, von Klein auf mit meinen Eltern und auch mit der Hurtigrute war ich schon etliche Male gefahren. Viele Bilder waren mir vertraut und ich fühlte mich wohl, - doch da, - oh Schreck! Ich las, daß mein Lieblingsschiff außer Dienst gestellt werden sollte und zwar im Frühjahr diesen Jahres. Die "MS Nordstjernen" sollte nun, nachdem sie 38 Jahre zuverlässig Tag für Tag die Küste rauf und runter gefahren war, ausgemustert und durch ein modernes, komfortableres Schiff ersetzt werden. Nun plötzlich sollte dieses Schiff nicht mehr dazugehören. Mich verbanden so viele Erinnerungen mit der "Nordstjernen": die Fahrten mit meinen Eltern, die Bilder in meinem Herzen, das Gefühl, wie es war auf diesem Schiff zu fahren und vom ersten Tag zu ihm zu gehören. Ja sogar die Farbe der Tischdecken im Salon und das Stampfen der Maschine, die zuweilen die Kaffeetassen ganz unverwechselbar zum Erklirren brachte, war mir präsent und plötzlich beherrschte nur noch ein Gedanke meinen Kopf: ich wollte die "Nordstjernen" auf ihrer letzten Fahrt begleiten, wollte noch einmal mit ihr durch verwunschene Fjorde und Sunde fahren, an der hölzernen Reling stehen und über das Schiff nur nach Norden sehen und alles aufsaugen, was ich an Erinnerungen mitnehmen konnte.

Gedacht - getan! Noch bevor ich meine Arbeit begann, nahm ich das Telefon und rief in Trondheim bei der Reederei der "Nordstjernen", bei der TFDS an. Mein Norwegisch war nicht überragend und so fragte ich auf Englisch nach dem Datum, wann die "Nordstjernen" zum letzten Mal zur Reise nach Kirkenes von Bergen aufbrach. Es war der 24. März und die Dame am Telefon sagte, daß eine Buchung nur über die deutsche Vertretung, die NSA (Norwegische Schiffahrtsagentur) in Hamburg, möglich war. Na ja, das kannte ich ja schon von den früheren Fahrten. Mir kam es ja jetzt nur auf das Datum an. So bedankte ich mich und wurde mit einem nett klingenden und mit norwegischem Akzent versehenen "Aufwiederhören" verabschiedet. Dann, ich glaube ich hatte in einem rekordverdächtigen Tempo den passenden Kalender herausgesucht und die Schulferientermine überprüft, jubelte ich. Dieser Reisetermin war mir möglich! Ich mußte nur für zwei Tage eine Vertretung finden. Dann waren Ferien und ich hatte zwei Wochen frei. Besser konnte es ja fast gar nicht mehr liegen. Das nahm ich als Wink mit dem Zaunpfahl! Mein Mann wußte noch gar nichts davon, daß in diesem Augenblick die Entscheidung gefallen war: wir fahren am 24. März mit der "Nordstjernen" in Bergen los. Nun ja, proforma würden wir das am Abend wohl noch besprechen, aber ich glaubte nicht, daß er mich ernstlich davon abbringen konnte.

Auch die Nachfrage bei NSA ergab grünes Licht. Es waren noch Kabinen frei und nun lag es nur noch an uns.

Tja und tatsächlich ging mir nun an meinem ersten Arbeitstag, der so miserabel begonnen hatte, die Arbeit leicht von der Hand. Ich wollte nur noch heim und alles besprechen, alles bestellen, alles planen ...

Oh, aber dann kamen die ersten Bedenken. Wegen des Zeitmangels müßten wir nach Bergen fliegen und das wäre mein erster Flug! Bis jetzt kannte ich doch nur Schiff und Bahn. Aber so richtig fliegen mit Start und Landung, Rollfeld, Leibesvisitation, Ein- und Auschecken, Anschnallen, Kissen umter dem Sitz und Einweisung in den Gebrauch der Schwimmweste, - na Sie wissen schon, was man da ja so alles aus den Filmen kennt. Ich hatte schlichtweg einen heiden Bammel davor. Und dann auf dem Schiff im März. Würde es da nicht vielleicht saukalt sein? Oder es gab Frühjahrsstürme mit meterhohem Seegang, Gischt, die über das Schiff fegt, und "grünen" Passagieren, von denen ich einer war? Oh Graus!

Alles wieder abblasen, nichts bestellen, nichts planen ...

Oder doch? Ach, ich wußte es nicht mehr. Und da sagte mein Mann: "Komm, wir fahren! Das ist die letzte Chance, mit der "Nordstjernen" zu fahren und dir liegt doch so viel daran!" Tja, komisch, nun mußte er mich überzeugen und so hatte zu guter Letzt doch er entschieden.

DIE BUCHUNG

Nachdem wir zusammen alles fein säuberlich ausgerechnet und aufgeschrieben hatten, bestellten wir am Abend per Fax bei NSA Hin- und Rückflug und natürlich am allerwichtigsten unsere Passage auf der Hurtigrute. Oder besser - wir versuchten es! Unter der angegebenen Faxnummer ging es aber nicht. Hartnäckige Fehlermeldungen unseres Faxgerätes brachten uns dazu, bei der Telefonauskunft nachzufragen und siehe da, wir bekamen eine andere, unserer Meinung nach neuere Faxnummer. Da ging auch unser Fax anstandslos durch. Na also!

Noch an diesem Abend sahen wir uns die Bilder von unserer letzten Hurtigrutenreise an und alle gekauften Videos, die wir darüber hatten. Weil ich nicht schlafen konnte, fing ich dann auch noch wieder an, Schwedisch zu lernen. Ja, ja, Schwedisch! Ich lerne nämlich schon seit einigen Jahren Schwedisch, vielmehr kann ich die ersten vier Kapitel meines Lehrbuches auswendig, bloß weiter bin ich nie gekommen. Aber da ich eben schon vier Kapitel (von 32) kann, steige ich nun nicht mehr auf Norwegisch um. Macht ja nichts, Schwedisch versteht man in Norwegen auch! Und vielleicht denkt mancher Norweger, daß meine falsche Aussprache am Schwedisch liegt und nicht an mir.

Samstag und Sonntag vergingen. Ich lernte weiter und war nun endlich bei Kapitel fünf, hatte bereits wieder ein Buch über die Hurtigrute gelesen (ach was sag´ ich, "verschlungen" trifft es besser) und dachte an nichts anderes mehr.

Dann kam Montag und ich wollte gleich noch, bevor ich zur Arbeit ging, in Hamburg anrufen, ob denn auch alles klar ginge und ob sie unser Fax lesen könnten. Ich machte uns so wichtig, wie mir die Reise war und ging damit der Dame bei NSA wahrscheinlich heftig auf die Nerven.

Aber nun waren erst einmal meine Nerven betroffen, denn unser Fax war nicht auffindbar. Oh weh, war inzwischen womöglich schon alles ausgebucht? Ich sah in Gedanken eine 30-köpfige Reisegesellschaft gerade die letzten Kabinen buchen und winkend an der Reling stehen.

Wie sich später herausstellen sollte, war unser Fax von Freitag wegen der anderen Faxnummer in der Speditionsabteilung gelandet und daher nicht in der Abteilung für Passagen und Kabinen (aber schließlich wollten wir ja nicht als Fracht fahren). Wir schickten unser Fax schnell nocheinmal los, diesmal an die richtige Stelle und unsere Buchung landete dort, wo sie hingehörte. Gottlob hatte die Reisegesellschaft aus meinen Gedanken auch noch eine Kabine für uns übrig gelassen und so konnten wir darauf hoffen, alles so, wie wir uns das gedacht hatten, buchen zu können. Morgen sollten wir Bescheid bekommen. In Ordnung, nun hieß es warten.

Am Abend nahm ich mir Kapitel sechs vor, landete jedoch wieder nur bei fünf.

Ein neuer Tag, ein neues Problem: der angegebene Preis für den Hin- und Rückflug haute mich fast um. Ein neuerlicher Anruf bei NSA strapazierte wieder den Geduldsfaden der uns betreuenden Dame und brachte auch keine angenehmere Preislösung.

Also dann heute Abend Kapitel sechs. Denkste, Kapitel fünf! Ich kam einfach nicht weiter.

Der Mittwoch verging ähnlich, allerdings ohne Anruf in Hamburg. Oder halt, da rief dann mein Mann bei NSA an, um zu klären, wann denn die Flüge gingen, es galt nämlich Termine abzustimmen. Aber ich glaube, es war eher ein Vorwand von uns, um mehr über Flugroute, Flugdauer und Flugzeiten zu erfahren.

DIE AUSRÜSTUNG

Das Warten auf unsere Tickets beseitigte nicht meine Gedanken über Temperaturen oberhalb des Polarkreises im März. War es da überhaupt schon wieder hell tagsüber? Doch, das mußte es wohl, war es doch nur gute zwei Monate von der Mitternachtssonne entfernt. Also hell schon, aber kalt! Wie kalt?

Wir haben einen guten Freund, Toni, der jobbte so neben dem Studium und wenn er nicht gerade selbst auf Nordlandfahrt war, in einem Geschäft, das Ausrüstung für solche Touren führte. Ein Blick ins Branchenbuch sollte uns mit der Adresse weiterhelfen, aber unter Sportbedarf war nichts zu finden. Wir hätten auch unter "Expeditionsbedarf" nachsehen müssen. Oh weh, dachte ich bei mir, wir machten also keine normalen Reisen mehr, wir machten da also eine Expedition. Na Bravo!

Dennoch gingen wir dort am nächsten Tag nach der Arbeit voller Expeditions- Tatendrang vorbei. Glücklicherweise war langer Donnerstag, da hatten wir Zeit.

Ein kleiner Laden, voll mit Rucksäcken, Schlafsäcken, Zelten, besonderen Ausrüstungsgegenständen und Bekleidung. Alles, was das Expeditions-Herz begehrte. Wir suchten nach einer warmen Hose oder einer dicken Jacke, wollten wir doch draußen an Deck im März der Kälte trotzen. Ach, da war auch Toni. Er gab Stefan (entschuldigen Sie, ich habe Sie noch nicht bekannt gemacht, Stefan ist mein bereits erwähnter Partner), also Toni gab Stefan eine Daunenüberhose mit seitlichen Reißverschlüssen zum Probieren. Die sollte man dann einfach über normale Anziehsachen darüberziehen können. - Wohlgemerkt "sollte"! Das war aber leider nicht möglich. Für Stefan war nämlich diese Überhose in XL immer noch zu klein, ich habe mir schließlich einen richtigen Mann ausgesucht, der mich auch im Eismeer vor Eisbären und Eiswürfeln beschützen kann! Wie er da so stand mit dieser zu kleinen, feuerroten Daunenhose, prall und rund konnte ich nicht anders, als laut zu lachen. Er sah aus, wie das Michelin-Männchen, das ich noch aus Kindertagen kannte. Auch die nachfolgenden Goretex, Sympatex, Fleece und sonstigen Hosen waren zu klein. Na dann vielleicht dicke Unterwäsche aus Wolle oder Frottée? Stefan verschwand mit einer langen grünen Unterhose und Unterhemd in der Umkleidekabine, um cirka vier Minuten später wieder zu erscheinen und Toni auch die Hoffnung auf passende Unterwäsche zu zerstören. Stefan sagte nur, so wäre er sich als Kind zu Fasching vorgekommen, wenn er als Prinz oder Frosch verkleidet in eine viel zu kleine Strumpfhose gesteckt worden war. Vier von den Unterhosen aneinander genäht hätten am Bauch gepaßt und drei der Unterhosen hätte man für Stefans Oberschenkel gebraucht. Auch das war wieder XXL. Die japanische Ausführung, so sagte Toni, gäbe er uns gar nicht, denn die würde noch kleiner ausfallen. Auch mit einer Jacke hatten wir kein Glück; in der größten Jacke durfte sich Stefan nicht bewegen, sonst hätte es für die Jackennähte ein böses oder eher loses Ende geben können.

So, dann kam ich an die Reihe, mich lächerlich zu machen. Die erwähnte Daunenüberhose war für mich erst mal im Bein viel zu lang und auch viel zu eng, dafür konnte ich sie fast bis unter die Achseln hochziehen. Daß ich nicht gerade super in so einer Hose aussehen würde, war mir klar, aber daß es so niederschmetternd werden *würde, darauf war ich nicht gefaßt. Daher werde ich über diese Anprobe den Mantel des Schweigens hüllen (der paßt wenigstens!).*

Ein kritischer Blick um uns herum zeigte es nur zu deutlich: die eisernen Expeditionsausstatter waren eben schlanke (um nicht zu sagen dürre), drahtige Erscheinungen und nicht solche Schreibtischtäter wie Stefan und ich.

Allerdings gab es noch eine Lösung: das Zauberwort hieß "Maßanfertigung". Was man bei mir in der Länge sparen konnte, hätte man in der Breite einfügen können. Aber wie es so viele Zauber an sich haben, verflog er so schnell, wie er gekommen war, als ich genauer darüber nachdachte. Eine Maß-Hose hätte 400.- DM gekostet, ich hätte sie vorher nicht probieren können und hätte nicht gewußt, wie ich mich darin fühlen würde und dieses Risiko war mir einfach zu groß.

Und das war gut so, denn schon am nächsten Tag fand sich eine, wie sich später zeigen sollte, passable Lösung.

Zunächst stellte sich heraus, daß es bei der Buchung der Flüge doch eine billigere Möglichkeit gab und zwar konnten wir 1500.- DM sparen. Dies taten wir dann auch, um umgehend das gesparte Geld in warme Schuhe, dicke Jacken, Fleece-Unterwäsche, Handschuhe und winddichte Überhosen zu investieren. Mit drei großen Tüten kamen wir wieder nach Hause und waren sehr stolz auf unsere selbst zusammengestellte Expeditionsausrüstung aus dem normalen Sportgeschäft bei uns im Ort. Natürlich haben uns Tonis Tips dabei schon sehr geholfen und nun hofften wir darauf, daß sich unsere Ausrüstung auch im "Reise-Alltag" bewähren würde.

Natürlich begegneten uns bei der abendlichen Modenschau die üblichen Unkereien der Familie: "Und was mach´ste wenn´s dann ganz warm ist?" - "Und so wollt ihr unter Menschen, sieht ja zum Schreien aus!" - "Und dann regnet´s die ganze Zeit und ihr werdet patschnaß, - Fleece saugt doch bestimmt gut!" - "Paßt doch alles gar nicht in den Koffer" und ähnliches. Jedenfalls alles recht aufmunternde Kommentare. Aber wir waren immer noch guter Dinge.

DIE TICKETS

Am Montag holten wir unsere Flugtickets ab. Nun war es also fest und ich mußte fliegen, hatte ich doch bis jetzt den Gedanken daran verdrängt. Aber wenigstens, so dachte ich, hatten wir schon etwas zu lesen und zu planen, zum Beispiel wann wir vor Abflug da sein mußten, wie wir zum Flughafen kämen, wieviel Gepäck wir mitnehmen konnten, vielleicht ein kleiner Prospekt, wie das Flugzeug innen aussah, welchen Platz wir hatten, - aber nichts dergleichen! Nur tausend Durchschläge ein- und desselben Blattes, das nur unsere Namen und die Flugroute enthielt. Und daß, als ob die meinen würden, Stefan und ich würden uns bis dahin noch entzweien, auch noch auf getrennten Tickets. Aber rein garnichts an weitergehender Information, die uns die Reise in Gedanken schon hätte näher bringen können.

Da lob ich mir die Hurtigrute, da kam mit der Rechnung wenigstens ein Kabinenplan der "Nordstjernen" und wir konnten Lage und Aufteilung unserer Kabine begutachten. Es war die Nummer 223 auf dem B-Deck mit Dusche und WC (falls uns doch schlecht wurde) und einem Fenster. Nicht zu vergessen laut Plan zwei Betten, einem Stuhl und einem Tisch. Um den Stuhl müßten wir uns also raufen; ich war aber sicher, ihn, wenn nötig mit List, ergattern zu können.

Mit meinem Sprachkurs war ich eigentlich noch nicht weiter gekommen, konnte aber inzwischen ein achtzeiliges, kleines Gedicht über die Jahreszeiten, das mir sehr gefiel.

Und an diesem Tag hatten wir uns einen Reiseführer über Bergen und Oslo gekauft, weil unsere Anschlußübernachtungen zwischen Schiff, Bahn und Flug drei Nächte ausmachten. Was mich nun schon wieder beunruhigte, war, daß in diesem Bergen-Oslo-Führer eine Rubrik mit "guten Hotels" existierte, dort aber nicht unsere Hotels auftauchten. In Bergen hatten wir das Hotel "Neptun" und in Oslo das "SAS-Hotel". Waren diese Hotels denn nicht toll oder hatte man sie nur vergessen aufzunehmen? Ich würde es abwarten müssen (aber ich kann Sie jetzt schon beruhigen, es waren schöne Hotels).

Auf der Bank war ich heute auch. Ich weiß nicht, was ich an dieser Schocktherapie so liebe; jedesmal wieder schaue ich erwartend auf meine Kontoauszüge, aber es ist wieder keine überraschende Überweisung zu meinen Gunsten da. Nur meine Krankenkasse, Zeitschriftenabo und Rentenversorgungsbeiträge steigen kontinuierlich und die jeweiligen Institutionen bedienen sich ungeniert von meinem Konto. Also heute lieber nicht nach neuen Schecks fragen, das mußte noch warten!

Die Arbeit war heute grauenhaft; das Telefon klingelte ohne Unterlaß, nicht selten hatten drei Kunden auf einmal Fragen an mich, zwei waren es jedenfalls immer. Und kurz bevor alles drohte mir über dem Kopf zusammenzuschlagen, dachte ich mich schnell an Bord der

"Nordstjernen", die kühle Reling in der Hand, die klare Luft um die Nase und außer der Stille und Harmonie der Landschaft nur die Geräusche von Wellen und Wind, wie er die Aufbauten des Schiffes zum Singen brachte. Nur dieser Gedanke bewahrte das Telefon davor, an der Wand zu landen und meine Kunden davor, sich plötzlich alleine im Büro wiederzufinden. Endlich war Feierabend und ich wollte nach Hause; wir wollten doch heute Abend über ein paar Zubehörteile zu unserer Videokamera beraten, zum Beispiel ein Windschutz für das Mikrofon, eine Videoleuchte oder auch ein Weitwinkel, aber dagegen hatte wohl unser örtlicher Nahverkehrsbetrieb etwas, denn ich brauchte wegen einer Oberleitungsstörung statt wie sonst 40 Minuten nach Hause über drei Stunden! Stehend, eingepfercht wie die Sardinen und viermal den Zug wechselnd! Meine Laune zu Hause angekommen war grandios, wie Sie sich denken können und so fielen sämtliche Reiseüberlegungen für heute ins Wasser. Auch die nächsten Tage war von Reisevorbereitungen weit und breit nichts zu sehen.

Dann kam schließlich der Winterschlußverkauf und wir ergatterten günstig zwei große Hartschalenkoffer. Ich wollte doch auch für den Flug gerüstet sein. Mein Pappkoffer erschien mir da nicht so günstig, sah ich ihn doch vor meinem geistigen Auge stundenlang im strömenden Regen auf dem Flugfeld zur Verladung bereitstehen und dabei langsam aufweichen und meine Mitbringsel in die Gegend verteilen.

Dicke Fleece-Handschuhe hatten wir uns auch zugelegt. Aber immer schwanke ich hin und her: ist es nun so bitterkalt, daß man sich draußen an Deck gar nicht aufhalten kann, ohne daß man uns von der Reling oder dem Außendeck abtauen müßte, oder war vor lauter Schneesturm eh nichts zu sehen oder war es frühlingshaft warm und man würde uns wegen unserer "Eisbären"-Kluft auslachen? Noch wußte ich keine Antwort.

Dafür träumte ich nun schon von unserem Flug - und da ich, Sie wissen es ja schon, ziemlich Bammel vor dem Fliegen habe, sind es keine angenehmen Träume. Heute Nacht haben sogar alle Passagiere applaudiert, nachdem der Pilot die Maschine endlich vom Boden weggebracht hatte. Ich war gespannt, was meine Phantasie aus diesem Vorhaben noch alles machen würde.

Aber das, was kam, überstieg noch meine kühnsten Erwartungen - das Finanzamt schlug zu! Und so waren erst mal bei mir Elan, Schwung, Zuversicht und Freude von einem gewissen Schock und der Angst über die Finanzierbarkeit unserer geplanten Reise verdrängt worden. Oh Graus, wenn ich mir bei jeder Tasse heißen Tees an Bord überlegen mußte, ob ich sie mir überhaupt leisten konnte. Na das würde lustig werden! Ich dachte lieber nicht darüber nach, was die kommenden sieben Wochen bis zum Abflug noch alles für uns bereithielten. Trotz des traurigen Anblicks unserer Finanzlage würden wir morgen erst einmal die Rechnung der NSA bezahlen, denn sonst verfielen dort Reservierung und Anzahlung.

Vier Wochen waren bereits vergangen, seit dem wir die Rechnung überwiesen hatten und es waren noch keine Fahrkarten in Sicht. Ein Anruf bei NSA ergab, daß wir auf die Karten wohl noch zwei weitere Wochen würden warten müssen. Aber was soll´s, wir hatten ja noch ganze vier Wochen Zeit bis zur Abfahrt und es würde ja durchaus reichen, wenn die Karten am Abflugtag morgens früh im Postkasten liegen würden und wir sie nur noch schnell im Vorbeigehen heraus-

nehmen müßten. Auf diese Weise konnten wir die Fahrkarten jeden-
falls nicht schon im Vorfeld der Reise verbummeln.

Und ansonsten: jeden Tag Hetze und Stress in der Arbeit. Wieder
dachte ich dann an unsere Reise und im Besonderen an die klare,
frische, kalte Luft. Davon ging für mich soviel Ruhe aus, die Ruhe,
die ich jetzt brauchte.

Es waren noch vier Wochen und ich wußte heute schon, welchen Zug
wir nehmen würden, um rechtzeitig, daß heißt mit einer Reserve-
Halben-Stunde, am Flughafen zu sein.

Stichwort "Flughafen": neulich waren wir doch tatsächlich dem
Alltag entflohen und zum Flughafen gefahren, einfach, um unserer
Reise ein Stück näher zu sein. Dieser Flugplatz, - eine Riesenanlage!
Ebenerdige Rolltreppen, weil die Wege so weit sind und man
schneller vorwärts kommt. Ich wollte mir ein kleines Flugzeug-
modell von der SAS kaufen, mit der wir doch fliegen würden. Aber
SAS-Modelle waren gerade ausverkauft. Naja, wenigstens ein Aus-
stellungsstück hatten wir gesehen und ganz hoch droben am Himmel
in der Dämmerung ein Originalstück der SAS. Insofern war der
Besuch am Flughafen ein voller Erfolg. Aber ob wir uns da auf
Anhieb zurechtfinden würden? Abfertigungshalle der SAS-Linie im
Abschnitt D des Abflugbereiches, Schalter 6, Gang ... Oh je! Hoffent-
lich reichte da unsere geplante Reservezeit.

Ach übrigens: mein Schwedisch war ein wenig besser geworden,
war ich doch inzwischen bei Lektion 30 angekommen.

So vergingen die Tage.

KAPITEL 2: AUF HOHER SEE

1. SEEREISETAG: DONNERSTAG, DER 24. MÄRZ

Ich konnte es nicht fassen - ich war tatsächlich geflogen. Bei der ersten Teilstrecke von München nach Kopenhagen hatten wir zwar Sonnenschein, aber es war ziemlich stürmisch. Und trotzdem war es nicht so schlimm, wie ich befürchtet hatte. Im Gegenteil, es war interessant, aufregend und imposant. Hätte ich es nicht selbst mitgemacht, dann würde ich es immer noch nicht glauben, daß ein solcher Metallkoloß vom Boden abheben und fliegen kann.

In Kopenhagen dann Zwischenlandung im Regen - wie aus der Haarspraywerbung! An Essen im Flugzeug war für mich trotz aller Begeisterung aber dennoch nicht zu denken, so aßen wir in Kopenhagen eine Kleinigkeit: "Wienerbrød" - daß ist das, was bei uns "Dänisch Plunder" ist - verkehrte Welt, nicht?

Unsere Ankunft der Maschine SK 662 in Kopenhagen war um 14.00 Uhr, unser Abflug um 15.15 Uhr. Dieser Start war bedeutend angenehmer, wohl nicht so windig und auch schneller. Die kürzere Rollbahn machte es notwendig, die Motoren ganz hochzufahren, bevor die Maschine losrollte und eh wir uns versahen waren wir schon in der Luft. - Unter uns das Meer - komisches Gefühl.

16.45 Uhr: nach kaum zwei Stunden und vollkommen unvermittelt (Plopp!) landeten wir in Bergen mitten zwischen Bergen. Wir stiegen aus und waren in 2 Schritten bei der Gepäckausgabe. Sie müssen wissen, Bergen Airport ist ein wenig kleiner als München und hat dementsprechend auch kürzere Wege. Das empfand ich als sehr angenehm, denn auch als Ortsfremde fanden wir uns sofort zurecht.

Unsere Koffer waren mit unter den ersten, die da hinten von der Lucke ausgespuckt wurden und auf dem Band heranrollten. Wunderbar, dachte ich, auch sie hatten beim Umsteigen in Kopenhagen die richtige Maschine erwischt. (Mir hatte es schon entsetzlich davor gegraut, daß wir in Bergen stehen würden, während unsere Koffer auf dem Weg zu den Malediven oder so ähnlich waren).

Tja und nach der Zollkontrolle, wohin nun? Wie kamen wir denn jetzt zum Hurtigruten-Kai? Mit dem Bus? - Nee! Mit dem Taxi? - O.K.! Das kostete 160:- NKr und war wesentlich bequemer als mit dem vielen Gepäck im Bus. Wir fuhren ca. 20 Minuten über Brücken, durch Vororte und durch Kreisverkehre und vollkommen überraschend war sie da: der erste Blick auf meine geliebte "Nordstjernen". Ein dreiviertel Jahr hatten wir uns seit der letzten Reise im vergangenen Juni im Mittsommerlicht nicht mehr gesehen und doch war mir, als ob sich zwei gute alte Freunde wiedergetroffen hätten. Alles war mir so vertraut. Die Holzbänke an Deck, das Billettkontor, die steilen engen Treppen und der hölzerne Decksboden. Sogar die Gangway hatte ich vermißt. "Nordstjernen" wurde gerade gestrichen, machte sich schick für ihre letzte Hurtigrutenreise.

Wir gingen an Bord. (Bewußt rede ich hier nicht vom "Einschiffen", obwohl das der gebräuchliche Begriff ist, aber jedesmal wenn ich dieses Wort erwähne, ernte ich von Stefan Gekicher und Gegluckse). Sofort half uns ein junger Mann von der Crew, der ansich gerade mit

Streichen beschäftigt war. Er legte seinen Farbroller beiseite, über-
prüfte, ob er keine Farbreste an den Händen hatte, nahm unsere
Koffer und trug sie an Bord - eben typisch norwegisch: freundlich und
hilfsbereit. Beim Zahlmeister erhielten wir unsere Kabinenschlüssel.
Unsere schönen Fahrkarten waren wir dafür aber los. - Schade!

Wir bekamen entgegen der Buchung Kabine Nummer 226, warum,
das sollten wir erst sehr viel später erfahren. Zunächst hieß es nur,
daß unsere jetzige Kabine größer sei. Damit hatte der Zahlmeister
Recht und unsere Kabine war wirklich sehr schön, das stand schon
bei der ersten Besichtigung fest. Theoretisch hätte sie auch zwei
Bullaugen, wunderbar in Raus-Guck-Höhe vom oberen Bett aus,
aber leider waren die Bullaugen mit Deckeln zugeschraubt.

Um halb acht Uhr, nachdem wir mit viel Mühe unsere drei Koffer
und drei Taschen untergebracht hatten, - wir standen uns dabei
nämlich immer gegenseitig im Weg -, gab es Abendessen. Ein
leichtes kleines Buffet mit wahlweise Tee oder Kaffee hinterher. Das
tat gut. Inzwischen war es draußen dunkel geworden (aber nach dem
Telefonat, das ich um ca. 18.00 Uhr nach Hause führte, war es in
München bereits dunkel, als es in Bergen gerade dämmrig wurde.
Also waren meine Befürchtungen vollkommen umsonst gewesen,
daß wir noch Ausläufer der Winternacht erleben und vielleicht schon
Nachmittags um vier Uhr im Dunkeln sitzen würden. Wieder hatte
ich mir da viel zu viele Sorgen gemacht!).

Die tausende Lichter der Stadt spiegelten sich im Wasser und
bildeten lange goldene Mondstraßen. Ein wunderschöner Anblick.
Fast war man versucht zu behaupten, daß man auf diesen glänzenden

Straßen sicher an das Ufer gelangen könnte, so einladend sahen sie aus. Um 22.00 Uhr war es dann soweit: ganz leise glitt die "Nordstjernen" durch die Lichter ringsum an den Berghängen in die Nacht. Hätte es nicht angefangen zu nieseln, wären wir wohl noch lange nicht von diesem Anblick zu lösen gewesen. Aber so setzte das Wetter diesem Abendschauspiel ein Ende und wir gingen unter Deck.

Eingekehrt in unsere Kabine begrüßte uns unser langjähriges plüschiges Reisebegleitertrio: Gulliver der Eisbär, Muse der Hund und Tiger der Tiger. Gulliver hat immer das Wetter im Auge, weil er - obwohl Eisbär - immer friert. Muse ist zuständig für den Weg, quasi als Spurensuchhund, und Tiger betreut die technische Ausrüstung. Schon etliche Reisen hatten wir unter dieser Leitung gestartet. Hier an Bord hatten unsere Drei in einem an der Wand festgeschraubten Holzregal einen wunderbaren Aufenthaltsplatz gefunden. Von zu Hause hatten wir extra einen Sack aus Fleece mitgenommen, damit es unsere Freunde schön warm hatten und während des Fluges waren sie im Handgepäck gewesen.

Nach dem Flug, der langen Nacht zuvor (weil mal wieder alles nicht fertig wurde und dann Kofferpacken bis 3.00 Uhr in der Früh usw.) und einem fast noch verpaßten Zug zum Flugplatz, waren wir alles in allem ganz schön müde und legten uns guter Dinge zum Schlafen.

Unsere erste Nacht an Bord. Über eine schmale Holzleiter kletterte ich in mein Bett. Dieser Weg war mir bekannt und ich schlief gerne im oberen Bett. Die strahlend frische Bettwäsche duftete gut und ich fühlte mich sofort wohlig umfangen und gemütlich aufgeräumt. Ich war sicher, gut schlafen zu können.

 Info "Nordstjernen":

Reederei: TFDS
Baujahr: 1956, umgebaut 1983
Länge: 80 Meter
Tonnage: 2295 BRT
179 Betten
Nachfolgerin wird im April 1994 die neue "Nordlys"

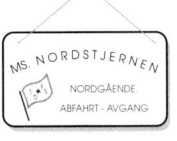 Was gab es heute zu sehen:

Bergen   bis 22.00 Uhr

2. SEEREISETAG: FREITAG, DER 25. MÄRZ

*Die Nacht war stürmisch. Schwere See! Ich bin in meinem Bett hin-
und hergeschaukelt worden. Aber das war nicht so schlimm. Ich
stellte mir immer genau vor, wie das Schiff gerade lag und konzentrierte mich dabei so auf mein gedankliches Koordinatensystem, daß
ich wohl für Übelkeit keine Zeit hatte. Dafür bekam ich natürlich
auch wenig Schlaf. Ich hatte Ihnen ja schon erzählt, daß die Bullaugen zugeschraubt waren. Tja, das ist so Vorschrift, im Winter, der
laut Seegesetz bis 31. März geht. Und manchmal, da hat es allerdings
so geschaukelt, daß ich mir vorstellte, wie draußen die Wellen über
das Deck fegten. Insofern war ich ganz froh über die zugeschraubten
Bullaugen. Sie werden jetzt denken "Oh Gott, das mach´ ich nie",*

aber ich muß Ihnen sagen, daß das alles nicht so dramatisch ist, wie es sich anhört. Natürlich denkt man manchmal so blöde Sachen, Nachts im Dunkeln, wenn man wach liegt, aber so im Nachhinein betrachtet ist es gar nicht so arg gewesen und man braucht eben nur eine gewisse Zeit, um sich an das neue Medium Wasser zu gewöhnen.

Haben Sie das erkannt, können Sie gelassen der Schaukelei ins Auge blicken, ja sogar Spaß und Gefallen daran finden und sich darauf konzentrieren tolle Bilder einzufangen. Sie werden mit der Zeit herausbekommen, wo Sie sich am Günstigsten aufhalten und wie Sie ganz individuell am Besten damit umgehen, wenn es denn tatsächlich mal Seegang haben sollte. Nur eines ist wichtig: bleiben Sie locker und entspannt. Sich gegen das Schaukeln zu wehren und sich zu verspannen wäre grundfalsch. Aber zum damaligen Zeitpunkt der Reise, war mir das alles noch nicht so bewußt.

Um 4.00 Uhr nachts wurde es Stefan unwohl; kam es nun noch vom Essen im Flugzeug oder vom Seegang, wir wußten es nicht. Jedenfalls war es dann auch irgendwie mit meiner Nervenruhe aus. Es folgte Wachliegen bis um 8.00 Uhr, dann wollten wir aufstehen, denn Stefan war hundeelend und ich dachte frische Luft und Blick auf den Horizont gäben ihm wieder seine Ausgeglichenheit zurück. Aber dem war nicht so, leider.

Aber die Besatzung, bzw. der Service, half uns mit einer großen Kanne Hagebuttentee; der sollte die durchgeschaukelten Magennerven wieder beruhigen.

Endlich gegen 10.00 Uhr hatten wir das Vestkap bei Stad hinter uns. Dort ist offenes Meer und starke Strömungen, weil die Nordsee auf den Atlantik trifft oder so ähnlich, jedenfalls ist es berühmt berüchtigt wegen der schweren See und den dort in früheren Jahrhunderten gesunkenen Fischkuttern. Tolle Aussichten, was? Aber nun lag es gottlob hinter uns (erstmal!) und wir kamen in ruhigere Gewässer. Um 10.30 Uhr erreichten wir Torvik.

 Info Vestkap:

Das **Vestkap**, der absolut westlichste Punkt von Norwegen, ist ein bemerkenswerter Ort. Das werden Sie merken, wenn Sie ihn auf Ihrer Reise mit dem Schiff umrunden. Hier ist die See oftmals rauh und in mancher alten Sage hat das auch seinen Niederschlag gefunden. Dieser Abschnitt soll wegen der Riffe wohl der gefährlichste entlang der norwegischen Küste sein, was die Seeleute in früherer Zeit veranlaßte, ihre Schiffe lieber über eine schmale Landzunge zu ziehen, als diese zu umsegeln. Aber heute ist das ja mit moderner Technik kein Problem mehr.

Ein Traumwetter - ein Traumblick. Bunte Holzhäuschen auf kahlem schwarzen Felsen. Ein paar Kiefernwäldchen und die strahlend blaue See unter einem wolkenlos blauen Himmel. Dazwischen wie aus frischem Eischnee strahlend weiß eingeschneite Berge. Ein Blick, wie ihn "Klein-Moritz" malen würde (wenn Sie diesen Ausdruck kennen). Stefan kam sogar, um es sich anzusehen. Seine angegriffenen Magennerven ließen jedoch keinen langen Aufenthalt an Deck zu.

Um 10.45 Uhr ging es wieder los von Torvik, Richtung Ålesund. Bevor wir den nächsten Hafen erreichten, war erst einmal Security Meeting im Speisesaal, zu dem alle Rundreisenden per Durchsage gebeten wurden.

Hätte Stefan dabeisein können, wären wir doch glatt zu elft gewesen, zwei Norweger und neun Deutsche.

Zwei Offiziere wiesen uns in die Handhabung der Schwimmwesten ein, erzählten uns von den Notsignalen und den Rettungsbooten. Nach der vorangegangenen Nacht war das für mich nicht gerade eine Beruhigung, fragte ich mich doch immer wieder, ob nicht ein gegebener Anlaß bestand, weil vielleicht stürmischeres Wetter angekündigt war. Ich wollte es nicht hoffen und beruhigte mich damit, daß dieses Security Meeting wohl immer am ersten Vormittag der Rundreise stattfand. (Stimmt, ist eben einfach Vorschrift!)

Um 12.00 Uhr liefen wir im Hafen von Ålesund ein. Auch hier ein Bild wie es gemalt nicht schöner sein könnte: die Stadt, die vielen Fischkutter und der Blick auf das Meer, vorbei an der Hafenmole und dem Leuchtfeuer. Ich saß hinten oben auf dem Bootsdeck, Ålesund und die schneebedeckten Berge im Auge und hörte die Geräusche vom Löschen und Laden der Güter und von unserem Schornstein, schließlich standen wir ja unter Dampf. Dazwischen immer wieder Norwegisch von den Einheimischen, die an Bord waren, und die die Hurtigrute als eine Art Linienbus benutzten. Daneben das Geschrei der Möwen, wenn sie einzeln oder im Familienverband vorbeiflogen. In dieser Traumkulisse mußten Stefan und ich unbedingt einen Stadtbummel machen. In der Sonne hatten wir ca. 16 bis 17 Grad Celsius, die Straßen im Schatten waren aber noch vereist und überall lagen noch Schneereste vom Räumen zu Haufen aufgetürmt herum.

Info Ålesund:

Ålesund ist heute als großer, bedeutender Fischereihafen mit ganzjähriger Flotte bekannt. 1993 hatte Ålesund cirka 35 500 Einwohner. Die Stadt, deren Wurzeln sehr weit zurückreichen, bekam 1848 Stadtrechte, brannte jedoch 1904 überwiegend nieder und wurde dann in nur drei Jahren im alten Geist der Stadt wieder aufgebaut.

Neben der **Werft von Ålesund**, in die sich auch die "Nordstjernen" zu einer Schönheitskur zurückziehen wird, ist noch der 189 Meter hohe **Berg Aksla** zu erwähnen, der einen traumhaft schönen Ausblick auf die Stadt und die Umgebung von Ålesund ermöglicht. Wollen Sie es sportlich, dann erreichen Sie diesen Aussichtsgipfel über 418 Stufen zu Fuß oder bequemer, dann nehmen Sie sich ein Taxi.

Landgang hatten wir von 12.00 bis 15.00 Uhr. Wir kamen aber schon um zwei zurück und waren sehr erleichtert, als die "Nordstjernen" tatsächlich noch im Hafen lag. "Natürlich lag sie noch da", denken sie jetzt, aber wenn Sie sich in einer fremden Stadt nur mit einer Kamera in der Hand von Ihrer schwimmenden Zuflucht entfernen, wären Sie auch froh, das vertraute Schiff wiederzufinden.

Stefan, ziemlich ermattet, suchte nach unserer Rückkehr zum Schiff gleich die Kabine auf. Eine neue Kanne Tee konnten wir uns auch sofort abholen. Und, - das mag jetzt herzlos klingen, aber ich hatte Hunger und ging alleine in den Speisesaal. Kaltes Buffet - kleiner als wir es vom ausgebuchten Rundreiseschiff vom Sommer her kennen, aber nicht weniger gut.

Roastbeef, Makrele, Schinken, Käse, Marmelade, viererlei Fisch angemacht und daneben auch warme Speisen: Kartoffeln und das unvermeidliche Gemüse aus Erbsen und Karotten, die aussehen, als

▲ Vor Torvik

Ålesund im Inselmeer ▼

Klar til avgang!

seien sie gerade für einen Werbespot künstlich eingefärbt worden,
Wurst mit Soße, vergleichbar mit unserer Leoner. Dazu Eiswasser
im Krug an jedem Tisch, so viel man möchte. Herrlich! Davon sollten
sich deutsche Lokalitäten ruhig mal eine Scheibe abschneiden. Zum
Nachtisch konnte man sich unbegrenzt Ananas nehmen.

Den Speiseplan für heute Abend hatte ich auch schon gelesen, aber
ich verrate ihn noch nicht. Immer an einem speziellen Platz an der
Wand vor dem Eingang zum Speisesaal hängt der Menüplan in
Norwegisch, Englisch und Deutsch. Und gegenüber an der anderen
Wand, finden sich der Wetterbericht, die Essenszeiten und Essens-
preise und andere wichtige Informationen.

Also habe ich alleine ein paar magenschonende Kartoffeln mit Soße
und Werbegemüse gegessen. Die Wurst war mir zum jetzigen Zeit-
punkt noch zu schwer.

Den ganzen Nachmittag konnten wir bei wunderbarer Sonne und
ruhiger See den Ausblick genießen. Zu meiner großen Freude kam
Stefan auch mit an Deck. Nun hatten wir beide einen Sonnenbrand im
Gesicht, das war die typische Hurtigrutenbräune: alles blieb weiß,
weil es dick unter Jacken eingepackt war, nur das Gesicht hatte inner-
halb eines Tages einen Sonnenbrand. So eine Art Bademeisterbräune.

Hier an Deck in der Sonne zu sitzen ist das Entspannendste, was ich
je kennengelernt habe. Man ist umgeben von Ruhe und Klarheit, ein
Ort, wo man zu sich selbst, zu seinem eigenen inneren Pol finden
kann. Die Luft ist so klar und frisch, daß man glaubt, diesen Eindruck
schon sehen zu können. Man spürt keine Hektik, keinen Streß, keine
Gereiztheit, sondern nur absolute Gelassenheit, Ruhe und Ausgegli-

chenheit. *Man selber wird so klein und unwichtig neben diesen Bergen, dieser Naturschönheit, die seit Jahrtausenden besteht. Ruhig fließt das Leben dahin und ruhig gleitet das Schiff und man selber durch die, wie flüssiges Blei glänzenden Wogen. Man spürt die Sonne auf dem Gesicht, fühlt sich geborgen auf dem Schiff und die Zeit scheint stillzustehen. Ein Moment der Unendlichkeit. Gibt es dieses Paradoxon überhaupt? Ich glaube schon, denn hier fängt man an, seinen Gedanken freien Lauf zu lassen und fernab jeglicher Zwänge lernte ich meine Seele, mein Innerstes neu kennen.*

Als die Sonne langsam hinter dem Horizont und den Bergen verschwand, das war ca. um 17.45 Uhr - wurde es aber doch recht frisch und die Kälte kroch über die dünnen Sohlen unter unsere dicken Anoraks. Ich werde mir merken, daß ich auf dicke Sohlen an den Schuhen achte, damit ich gegen diese schleichende Unterkühlung gewappnet bin. Aber nun einmal so richtig durchgekühlt, gingen wir rein und holten uns wieder mal zwei Tee. Ach wie herrlich ist es, Zeit für einen Tee zu haben. Zu Hause ist die Entscheidung immer entweder Tee und man verbrennt sich die Zunge, oder eben kein Tee, aber zum Warten auf eine angenehme Trinktemperatur fehlt doch meist die Zeit, zumindest aber die Muße. Das war hier anders; das Rühren im Tee gewann an Bedeutung. Ich will nicht sagen, daß es zum Tagesereignis avancierte, aber man nahm es wahr. Ich hatte tatsächlich soviel innere Ruhe und die Zeit mein Rühren im Tee zu registrieren und es mit dem Gedanken, nun wohl endlich meinen Terminstreß und meine Hektik über Bord geworfen zu haben, durchaus zu genießen. Apropos "genießen": Um 19.00 Uhr waren wir dann doch neugierig auf das Abendessen. Auf dem Menüplan war zu lesen:

▲ Vergessene Welt

Seereisen anno dazumal ▼

Abseits von Hektik und Lärm

Fischhändlersuppe - Gebratener Lachs mit Kartoffeln und saurer Sahnesoße mit Gurken - Karamelpudding mit Tee oder Kaffee.

Die Suppe war sehr gut, aber sehr intensiv im Geschmack und daher eher für Fischliebhaber, also für Stefan. Der Lachs hingegen war sogar für Fischmuffel wie mich eine Offenbarung. Ausgezeichnet!

Das einzig Schlechte: während des Essens ging es wieder hinaus auf die offene See, an Hustadvika vorbei, und das hieß für uns zwei Stunden Seegang.

Während des Essens trafen wir noch das Schwesterschiff "Vesterålen", eines von den neuen, großen Schiffen. Es war schon dunkel draußen und so konnten wir leider nicht so gute Fotos machen.

 Info "Vesterålen":

Reederei: OVDS
Baujahr: 1983, umgebaut 1988
Länge: knapp 109 Meter
Tonnage: 4072 BRT
190 Betten, 410 Passagiere
Nachfolgerin der alten "Vesterålen" (2095 BRT, 1950 - 1983)

Die Schaukelei abwartend, machten wir es uns vorne im Salon gemütlich und beobachteten das Heben und Senken der vielen Lichter an der Küste. Oder bewegten wir uns so heftig?

Um 21.30 Uhr hatte die unruhige See dann endlich wieder ein Ende und wir liefen in den schützenden Hafen von Kristiansund ein. - Es schneite! Neun Grad waren es draußen, es war stockdunkel und die Schneeflocken waren so groß wie bei uns zu Weihnachten nicht. Das machte nach Aufnahmen draußen an Deck noch einen heißen Tee unumgänglich. Fast zehn Uhr war es erst, doch wir waren ganz schön müde. Um 23.00 Uhr sollte die "Nordstjernen" wieder ablegen und laut Karte mußte es dann ruhiger weitergehen, weil back- und steuerbord Felsen und Inseln unseren Weg schützten. Wir hofften das Beste!

 Info Kristiansund:

Kristiansund, eine Stadt auf drei Inseln. Neben den Brücken, die die Inseln verbinden, verkehren auch sogenannte **"Sundschiffe"**, quasi als Linienbus. 1993 zählte Kristiansund cirka 17 600 Einwohner. Die Stadt wurde 1692 unter dem Namen "Lille-Fossen" gegründet und erhielt erst 1742 den Namen Kristiansund.

 Was gab es heute zu sehen:

Florø	4.05 - 4.45 Uhr
Måløy	6.45 - 7.30 Uhr
Torvik	10.25 - 10.45 Uhr
Ålesund	12.00 - 15.00 Uhr
Molde	17.35 - 18.00 Uhr
Kristiansund	21.30 - 23.00 Uhr

3. SEEREISETAG: SAMSTAG, DER 26. MÄRZ

Um 6.00 Uhr morgens waren wir in Trondheim. Das war uns aber eindeutig zu früh. Für 8.00 Uhr hatten wir uns fertiggemacht und ein kleines Frühstück vom Buffet gegessen - immer noch vorsichtig für den Magen, obwohl die Fahrt hinter Kristiansund sehr ruhig und damit sehr angenehm in unseren gemütlichen Kojen war.

 Info Trondheim:

Trondheims Ursprünge reichen weit zurück. Schon in der Wikingerzeit lag hier eine Siedlung und ein Handelsplatz. Im Jahre 997 soll Olav Tryggvason den Ort "Nidarnes" gegründet haben, der mit der Zeit an Bedeutung für Politik, Wirtschaft und Kirche gewann. Bis in das 13. Jahrhundert war Trondheim Residenz der Könige und für lange Zeit auch Hauptstadt des Reiches. Heute ist Trondheim die drittgrößte Stadt Norwegens, hat cirka 135 500 Einwohner und ist wichtiges Zentrum der Landwirtschaft.

Die für mich größte Sehenswürdigkeit von Trondheim ist der **Nidarosdom**, 102 Meter lang und damit Skandinaviens größter mittelalterlicher Bau. Die erste Fertigstellung erfolgte cirka 1320, aber dann brannte die Kirche mehrmals nieder. Erst die Wiederherstellung, die 1869 begann und noch bis in die letzten Jahre andauerte brachte wieder Glanz und Schönheit zurück.

Bitte beachten Sie die vielen verschiedenen Figuren am Hauptportal und die dortige große Mittelrosette, wohl eines der schönsten bunten Kirchenfenster, die es gibt.

Wenn Sie noch Zeit haben, dann machen Sie einen Spaziergang zum **Nidelv** und sehen sich dort die alte, rote **Zugbrücke** an und die **Speichergebäude** entlang des Flusses.

Die **Festung Kristiansten**, die **Insel Munkholmen** und etliche **Museen** und Prunkgebäude Trondheims, daneben die geschäftigen **Einkaufspassagen** sind außerdem noch einen Besuch wert.

Trondheim

Wir wollten heute unbedingt einen Bummel durch Trondheims Zentrum machen und so gingen wir an Land. Aber wir waren hier im Hafen natürlich doch ein wenig außerhalb der Stadt. Zu Fuß fanden wir die Strecke zu weit und so dachten wir uns, daß wir vom Hurtigruten-Kai wohl am besten mit dem Taxi in die Trondheimer Innenstadt kommen konnten. Am Billettkontor war man so nett und rief uns eine Drosje, wie das Taxi hier heißt. Der Taxifahrer hatte heute seinen ersten Arbeitstag, aber unser genanntes Fahrtziel, den Nidarosdom, fand er natürlich sofort, schließlich ist er ja auch nicht zu übersehen. Vom Kai bis hin zum Dom kostete uns das 35:- NKr. Zu unserem Pech wird der Dom im Winter am Samstag aber erst um 11.30 Uhr geöffnet. Da unser Schiff aber bereits um 12.00 Uhr wieder ablegen sollte, war es also nichts mit der Innenbesichtigung. Uns blieben nur Außenaufnahmen bei Schnee. Von früheren Reisen nach Trondheim kenne ich den Dom von innen und muß sagen, daß sich ein Besuch immer lohnt. Vorallem wenn Sie das Glück haben sollten und können im Dom an einem Orgelkonzert teilnehmen, dann sollten Sie das unbedingt tun. Der Klang der Orgel ist einmalig. Ein so tief beeindruckendes Orgelkonzert wie im Trondheimer Dom habe ich sonst nirgendwo mehr gehört. Und dann dürfen Sie natürlich nicht vergessen, hinten rechts im Dom, hinter dem Altar eine Münze in den Brunnen zu werfen, denn wer dies tut, kommt immer wieder an diesen Ort zurück. Schade, daß wir nicht hinein konnten.

Nach dieser Enttäuschung blieb mir nur eines: ab in den nächsten Souvenir-Shop (das war Juwelier Möller, vom Dom kommend auf der rechten Seite der Straße Richtung Zentrum). Dort habe ich mächtig eingekauft, alles in der Absicht, Dies und Das, Dem- oder Derjenigen aus meiner Familie mitzubringen. Gute Rechtfertigung, was? Bloß *meistens behalte ich es dann doch selbst - weil es doch soooo schön ist und von Da oder Dort her ist. Jetzt allerdings hatte ich noch die allerbesten Vorsätze!*

Das Zurückfahren mit dem Taxi war einfacher als gedacht. In der Innenstadt von Trondheim gibt es nämlich über zehn Taxistände. Schwieriger war es jedoch mit unserem Fahrtziel, das wir noch präzisieren mußten, denn in Trondheim begegnen sich beide Richtungen der Hurtigrute und liegen zur selben Zeit an verschiedenen Kais. Sie sollten also schon dazu sagen, ob sie zur nordgåenden oder sydgåenden Hurtigrute möchten, denn ansonsten finden Sie sich unversehens auf dem falschen Schiff wieder.

Pünktlich zum Mittagessen waren wir an Bord zurück; erst mußten wir natürlich unsere Einkäufe verstauen, dann der Abfahrt zusehen und winken und erst dann konnten wir zum Mittagessen gehen. Fiskepudding mit brauner Soße, Spaghetti mit Bolognese, Kohlgemüse, Kartoffeln und jede Menge kalte Speisen. Unwahrscheinlich gut. Und dazu anregende Gespräche - interessant, abwechslungsreich und spontan mit jedem. So ist das hier an Bord, da kann jeder auf jeden zugehen. Solche Einsiedler wie wir haben gar keine Chance zu entkommen. Bleiben Sie nur zehn Sekunden vor dem Roastbeef stehen, so geraten Sie sicherlich in ein angeregtes Gespräch mit einem der Mitreisenden, ganz egal, welcher Nationalität man angehört und mit welcher Sprache - wenn nötig mit Händen und Füßen - man sich auch immer verständigt. So erfuhren wir zum Beispiel bei Tisch von unserem Mitreisenden Stephan, daß er bei der Ankunft in Trondheim gerade unter der Dusche stand. In Trondheim hat die Crew aber üblicherweise eine Seenotrettungsübung. Die Notsirenen gingen gerade los, als Stephan eingeseift unter der Dusche stand. Da er aber wegen des Wasserplätscherns vorher die Durchsage nicht gehört hatte, daß dies nur eine Übung sei, fragte er sich doch, ob er sich nicht sofort um seine Rettung kümmern müßte. Hätte er es getan, dann wäre es sicherlich ein Bild für Götter gewesen, wie da ein Tourist am frühen, kalten Morgen im Trondheimer Hafen an Deck eines Schiffes eilt, mit Shampoo in den Haaren, dafür aber nur mit einem Handtuch um die Hüften und einer Schwimmweste bekleidet. - Einmalig!

Apropos "Stephan": darf ich Ihnen unseren neuen Bekannten vorstellen: Stephan aus Frankfurt. Die Namensgleichheit mit meinem Mann war zuweilen für mich sehr angenehm, denn ich brauchte nur einmal "Stefan" zu rufen und schon drehten sich gleich zwei Männer nach mir um. Bloß gut, daß sich Stephan aus Frankfurt mit "ph" schreibt, so können Sie die beiden wenigstens beim Lesen voneinander unterscheiden.

Wir genossen die Ausfahrt aus dem Hafen sehr, vorbei an Munkholmen, der Befestigungsanlage, die im Wechsel der Jahrhunderte auch ständig ihre Bestimmung geändert hatte, und durch den Fjord hinaus auf das Meer. Noch schien die Sonne und wir tranken gemütlich Tee. Der frühe Nachmittag bot uns tolle Stimmungsbilder, weil das Wetter schlechter wurde und die Wolken tief hingen. Das war alles sehr eindrucksvoll und wir machten viele Fotos, bis es hinter dem Trondheimfjord endgültig auf die offene See ging. Acht Stunden Seegang aller oberster Güteklasse erwarteten uns. Darauf war ich nicht vorbereitet. Zuerst hatten wir ja noch Spaß beim Heben und Senken des Schiffes, fotografierten die emporspritzende Gischt und machten Witzchen über den Seegang, doch dann wurde es immer heftiger und wir immer unsicherer. Wir sehnten den engen Stokksund herbei, durch den das Schiff doch normalerweise fährt, denn wo es eng ist, kann es doch gar nicht solche Wellen haben, dachten wir. Doch der Stokksund war weit und breit nicht zu sehen. Stattdessen Wellen und Wasser, soweit das Auge reichte (später sollten wir erfahren, daß wir den Stokksund gerade wegen des Seegangs nicht passieren konnten, denn wir hätten wohl den Eingang nicht getroffen). Mit der Zeit tanzte unser Schiff wie eine Nußschale, elegant aber herzhaft.

Jetzt konnten wir ermessen, warum Stühle und Papierkörbe angekettet waren! Die ersten vier Stunden dieses Hochseeabenteuers verbrachten wir bei Null Grad im Freien am Heck des Schiffes. Immer den Horizont fest im Visier. Jedesmal, wenn es besonders heftig schaukelte, hielt ich mich krampfhaft an der Bank fest, denn ich befürchtete auch im Sitzen über Bord gehen zu können. Nach den vier Stunden aber waren wir fast blaugefroren und Stefan beschloß für uns, in die Kabine abzutauchen. Die Gänge unter Deck haben rechts und links Geländer - sehr sinnvoll, denn so gelang es uns, uns bis zu unserer Kabine vorzuhangeln. Je weiter auf dem Weg, um so schlechter wurde mir. Es war kein Horizont mehr zu sehen und ich war orientierungslos dem Seegang ausgeliefert!

Dann folgten drei Stunden völliger Konzentration auf den kleinen schwarzen Türpuffer, denn nur den hatte ich im Blick, bis ich am Tisch unserer Kabine vor Erschöpfung einschlief. Der Tag endete mit Eisbeinen ohne Abendessen, mit Kummer und dem Entschluß morgen in Bodø diese Fahrt zu beenden, das Schiff zu verlassen und mit der Bahn die Rückreise anzutreten. Entsetzlich - grauenhaft - traurig, mehr war dazu nicht zu sagen!!!!

Was gab es heute zu sehen:

Trondheim	6.00 - 12.00 Uhr
	⌘ normalerweise Stokksund cirka 16.00 Uhr
Rørvik	20.35 - 21.15 Uhr

4. SEEREISETAG: SONNTAG, DER 27. MÄRZ

Kurze Blicke durch unser nicht ganz fest verschraubtes Bullauge vermittelten einen tristen Eindruck. Tiefe Wolken, bis auf die Meeresoberfläche, Regen und nichts zu sehen - so war das um 6.00 Uhr, um 7.00 Uhr und auch noch um 10.00 Uhr.

Früh am Morgen hatten wir den Polarkreis überquert, aber vom Land der Mitternachtssonne, die hier regieren sollte, war bei diesem Wetter weit und breit nichts zu sehen.

Wenn wir um 12.00 Uhr in Bodø von Bord gehen wollten, mußten wir jetzt packen. Das taten wir auch; der eine mit weniger Schwierigkeiten (das war ich), der andere mit mehr (das war Stefan). Dem fiel nämlich sein offenes Neccessaire in das offene Klo und verteilte dort seinen Inhalt. Mit entschlossenem Gesicht entrang er seine Pflege- und Waschutensilien wieder dem gierigen Schlund der Vakuumtoilette, bevor womöglich alles weggesaugt wurde. Aber Neccessaire und Inhalt waren nun naß und konnten so ja nicht in den Koffer. Die ausliegenden "Seekrankheitsentsorgungstüten" (= resesykkepåse) boten hier gute Dienste. Dort kam alles hinein und ab in den Koffer. Nun waren wir abreisefertig und gingen traurig an Deck.

- *Da, die ersten Sonnenstrahlen und unser "Wir-Gehen-Von-Bord-Entschluß" kam ins Wanken. Fast waren wir schon wild entschlossen zu bleiben, da registrierten wir das neue Aussehen der "Nordstjernen". An allen zugänglichen Stellen der Bordwand waren in Windrichtung Nudeln und sonstige Zutaten verteilt. Na eben alles, was gestern auf der Speisekarte stand. Also doch in Bodø von Bord! Oder nicht? Keiner konnte helfen. - Da trafen wir Tine, unsere nette Servicedame, die uns vom letzten Jahr schon kannte. Sie sagte, es werden nicht unbedingt alle offenen Meeresstrecken so übel ausfallen, wie die gestern. Es gäbe sogar Fahrten im Januar, die seien ganz ruhig; wenn aber noch "alte See" da ist, das heißt, wenn ein Sturm war, und die See sich noch nicht wieder beruhigt hat, dann könne es vorkommen, daß es eben so schlimm sei. Der Wetterbericht habe aber für ganz Nordnorwegen gutes Wetter vorhergesagt und so wäre sie eher zuversichtlich. Aber sie würde gleich noch mal für uns auf der Brücke nachfragen. Und noch ehe wir ein "ach, das wäre nett" murmeln konnten, war sie auch schon verschwunden, um bald wieder mit guten Nachrichten und vier Stück echt norwegischen Tabletten gegen Seekrankheit (diese heißen: Postafen 25 mg) zurück zu kehren. Sie empfahl uns, davon beim Auslaufen aus Bodø jeder eine zu nehmen. Das gab uns wieder Hoffnung an Bord bleiben zu können und wir traten nach dem Mittagessen, das verständlicherweise aus magen-freundlicher Kost in geringen Mengen bestand, den Landgang in Bodø an.*

Fast einen Kilometer mußten wir vom Hafen zum Zentrum zurücklegen, gemütlich zu Fuß waren das 20 Minuten. Im Sommer fuhr hier ein Bus, aber wir waren eben vor der üblichen Touristensaison hier. Es lag ziemlich hoch Schnee. Alles war geschlossen wegen Sonntag,

Licht und Schatten
   - der nächste Morgen grüßt

sogar die Kirche. Na dann gingen wir eben wieder zurück zum Schiff.

Dies war zur Abwechslung mal ein äußerst kostengünstiger Landgang.

 Info Bodø:

Bodø bekam 1816 Stadtrechte verliehen und ist heute mit 35 500 Einwohnern die Hauptstadt des Bezirks. Sie hat als Handels- und Verwaltungsstadt große Bedeutung. Zunächst förderte nur die Hurtigrute Bodøs Entwicklung, denn erst im Jahre 1937 baute man eine Straße hierher. Sehenswert ist die **Domkirche** und die hübsche **Einkaufspassage** vom Glashaus über den Blumenmarkt.

Bodø

Torggata

Sjøgata

Havnegata

Rådhusgata

Bankgata

Dronningensgata

Kongensgata

Prinsensgata

Parkveien

①	Bahnhof	④	Fußgängerzone	⑥	Kirche
②	Hurtigrutenkai	⑤	Post	⑦	Museum
③	Tourist Information				

Zurück auf dem Schiff haben wir uns mit unserer Spielesammlung und optimistischen Gedanken auf die bevorstehende vierstündige Fahrt über den Vestfjord (wieder offenes Meer) vorbereitet. Artig nahmen wir unsere Tabletten, holten uns Tee und unsere Würfel zum Spielen. Dann begaben wir uns in den Speisesaal, der liegt ziemlich zentral im Schiff, also wenig Amplitude beim Schaukeln. So wenigstens war unsere Hoffnung, die sich auch als richtig erwies. Die Überfahrt war zwar ein wenig unruhig, machte uns aber so vorbereitet nicht allzuviel aus, denn wir spielten betont fröhlich und fast schon verbissen eine Runde Kniffel nach der anderen (die anderen Passagiere mußten uns wohl schon für wahre Kniffelfanatiker gehalten haben).

 Info Vestfjord und Landego:

Der Name **"Landego"** entstammt der Sage und bedeutet soviel, wie "Lande gut!". Die Seeleute wollten damit eine gute Passage über den 200 km langen **Vestfjord** beschwören. Auf der Nordroute sehen sie am rechten Rand der Insel, die in rückwärtiger Fahrtrichtung ganz rechts liegt, den **"Landego-Mann"**, das ist eine Felsformation, die so aussieht, als ob ein Riese aus dem Meer die Insel empor kriecht.

Um 19.00 Uhr war dann Stamsund erreicht. Wir waren sicher in den Armen der Vesterålen angekommen. Natürlich sind wir zum Fotostopp ausgestiegen, denn hier war viel Betrieb: Passagiere kamen und gingen in Scharen. Gleich drei Autos wurden ab- und ein neues sogar wieder aufgeladen.

 Info Stamsund:

Erst Anfang dieses Jahrhunderts wurde dieser Ort als Fischereisiedlung gegründet.

Lassen Sie sich nicht täuschen, **Stamsund** sieht von der Meeresseite so klein aus, aber der Ort geht hinter der Bergwand weiter.

Und dann, nachdem wir wieder abgefahren waren, haben wir unser Abendessen so richtig genossen. Es gab Boullion mit Reis (herrlich nach dem kalten Aufenthalt in Stamsund bei zwei Grad Celcius), dann Karbonaden mit Zwiebeln und Gemüse, dazu Brun Sås und Kartoffeln. Zum Nachtisch Pfirsich mit Sahne. Echt gut!

 Info "Narvik":

Reederei: OVDS
Baujahr: 1982
Länge: fast 109 Meter
Tonnage: 4073 BRT
178 Betten, 410 Passagiere
Nachfolgerin der alten "Håkon Jarl" (2173 BRT, 1952 - 1982)

Es war schon völlig dunkel, als wir im Hafen von Svolvær ankamen. Ich war erstaunt, wie hoch hier noch der Schnee lag. Wir mußten aufpassen, daß die Planierraupe, die mit Schneeräumen beschäftigt war, uns mit dem Schnee nicht gleich mit ins Hafenbecken schubste. Diese Aktivitäten und auch das Ent- und Beladen der "Nordstjernen" in stockdunkler Nacht, nur mit grell strahlenden Scheinwerfern erleuchtet, erzeugte eine fast gespenstische Atmosphäre. Wie anders mußte also erst die Polarnacht hier oben auf einen lichtgewohnten Menschen, wie mich wirken.

 Info Svolvær:

Svolvær besteht seit dem Mittelalter und ist heute mit seinen 4 000 Einwohnern die bedeutendste Fischereisiedlung auf den Lofoten. Wichtig ist für Svolvær natürlich die **Lofoten-Fischfangsaison** von Februar bis Ende April, an der sich zeitweilig bis zu 700 Schiffe beteiligen und sich dementsprechend kurzfristig die Einwohnerzahl von Svolvær stark erhöht.
Wenn Sie im Hafen vor Anker liegen, sehen Sie ganz rechts oben am Berghang die **Svolværgeita**, eine cirka 40 Meter hohe Gesteinsformation, die wie eine Geiß mit zwei Hörnern aussieht. Die Hörner sind übrigens fünf Fuß (cirka 1,5 Meter) voneinander entfernt.

Und als Mitternachtsüberraschung hatte ich mir eigentlich Nordlicht gewünscht, aber der Himmel war bezogen. Keine Chance also.

Die Nacht war ruhig und gemütlich, so richtig erholsam.

 Was gab es heute zu sehen:

Brønnøysund	0.35 - 1.00 Uhr
Sandnessjøen	3.40 - 4.15 Uhr
Nesna	5.25 - 5.30 Uhr
	⌘ Polarkreis auf Hestmannøy
	⌘ Rødøyløven (Sphinx aus rotem Gestein)
	⌘ Svartisen (Gletscher) bei guter Sicht
Ørnes	9.10 - 9.30 Uhr
Bodø	12.30 - 15.00 Uhr
	⌘ Landego
	⌘ Vestfjord
	⌘ Lofotwand
Stamsund	18.55 - 19.30 Uhr
Svolvær	21.00 - 22.00 Uhr
	⌘ Trollfjord cirka 23.30 Uhr
	⌘ Raftsund cirka 24.00 Uhr

Hurtigrute - ein Teil des Ortes
- ein Teil des Küstenlebens

5. SEEREISETAG: MONTAG, DER 28. MÄRZ

Wir haben uns mal so richtig ausgeschlafen und sind spät aufgestanden.

Die Landschaft war hier ziemlich lieblich. Rechts und links sanfte Berge mit Laubwäldern und Schnee. Dazu bedeckter Himmel mit hin und wieder blauen Fetzen. Die Konturen verschwammen und die intensiven Farben, wie ich sie vom Sommer oder gar Herbst kannte, fehlten. Aber dadurch war die Landschaft nicht weniger reizvoll, nur ganz anders und ich erkannte nicht alles wieder.

11.15 Uhr: Anlegen in Finnsnes. Schneeberge und Matsch, wohin man sieht. Eigentlich war die Abfahrt für 12.00 Uhr angekündigt und alle Passagiere hatten sich auch rechtzeitig wieder eingefunden. Aber dann kam wohl unser Kapitän auf die Idee, das Schiff könnte noch ein wenig Farbe vertragen und so griffen drei Mann der Besatzung zu Farbe und meterlangen Rollern und pinselten die dem Hafen zugewandte Seite des Schiffs mit schwerer schwarzer Farbe. Dann wurde die Abfahrt eben auf 12.30 Uhr vertagt, das sah man ausnahmsweise nicht so eng (obwohl die "Hurtigrute" für Ihre Zuverlässigkeit und Pünktlichkeit berühmt und fast sprichwörtlich ist). Aber in diesem besonderen Fall mußte man diese Ausnahme machen, denn die "Nordstjernen" sollte in ihrem Heimathafen Tromsø im besten Glanz erstrahlen. Noch dazu holten wir die längere Liegezeit sogar noch vor dem nächsten Hafen wieder auf.

Am Mittagstisch erzählte man uns von der Fahrt letzte Nacht durch den Raftsund. Sydgåend haben wir ihn am Nachmittag, da hoffte ich ihn auch mal erleben zu können. Bis jetzt hatte ich ihn nämlich immer verpaßt.

Zum Mittagessen gab es heute Pytt i Panna, ein sehr gut schmeckendes "Resteessen" aus Bratkartoffeln, Rindfleisch und allem was sich nicht gewehrt hatte reinzukommen, darüber Spiegelei. Oder wahlweise Torsk mit Kartoffel oder von der kalten Auswahl - was darf es sein?

Die Entscheidung fiel schwer und ich habe einfach zuviel gegessen. Da kam der nächste Landgang in Tromsø wie gerufen. Um 15.00 Uhr legten wir an und hatten bis 18.00 Uhr Ausgang.

 Info Tromsø:

1250 baute man die erste Kirche in **Tromsø**, 1794 bekam Tromsø Stadtrecht (1994 also 200-jähriges Jubiläum) und wuchs beträchtlich durch seine Bedeutung in wirtschaftlicher Hinsicht. Heute lebt die Stadt hauptsächlich von der Fischverarbeitung und den Werften. Das Stadtgebiet umfaßt eine Fläche von 2 500 Quadratkilometern (mit den zugehörigen, umliegenden Gemeinden 49 400 Einwohner), im Stadtkern wohnen jedoch nur gute 15 000 Einwohner.
1968 wurde in Tromsø die **nördlichste Universität der Welt** gegründet, die immerhin 3 500 Studenten zählt.
Hier findet sich auch das besuchenswerte **Nordlichtobservatorium** und ein Lehrstuhl zur Erforschung der Schlafstörungen aufgrund der Polarnacht. Mitternachtssonne haben Sie hier von 21.Mai bis 23. Juli.
Sehenswert ist die **Eismeerkathedrale** mit ihrer einzigartigen Architektur und die Aussicht vom 420 Meter hohen **Storsteinen** (dorthin bringt Sie eine Seilbahn).

Auf dem Weg durch die Provinz Troms

Wir zeigen
Flagge!

In Tromsø kannten wir uns vom letztjährigen Besuch aus und bummelten ein wenig durch die Straßen. Leider schließen die Geschäfte in Norwegen sogar unter der Woche um 15.30 Uhr. Aber dennoch haben wir es unter Einsatz größter Anstrengung geschafft, hier und da ein paar Kronen loszuwerden. So war zum Beispiel ein Besuch beim Juwelier Kristiansen fast schon obligatorisch. Schöne Dinge haben sie dort. Andenken, Kunst und Schmuck vom Feinsten. Der Husfliden in der Seitenstraße vor der Kirche rechts, hatte recht ausgefallene Sachen und viele Norwegerpullover. Bloß der supertolle Buchladen, der sogar Bücher über die Hurtigrute im Fenster hatte, war leider schon geschlossen.

Um 18.20 Uhr war wieder Abfahrt, etwas verspätet, weil länger geladen wurde und in Tromsø, dem Heimathafen der "Nordstjernen", wieder viel Presse an Bord war. Wir hißten die Flagge der TFDS, der Reederei. Die Abfahrt bei strahlendem Sonnenschein, unter der Brücke hindurch und an der Eismeerkathedrale vorbei, war ein Traum. Hier beginnt das Eismeer, deswegen wird Tromsø auch als Ishavet, als Tor zum Eismeer bezeichnet. Fast andächtig standen wir an Deck und genossen das Gefühl, nun unser arktisches Abenteuer so richtig zu beginnen.

Zum Abendessen gab es eine ganz ausgezeichnete Fischsuppe mit Gemüse (als Cremesuppe), einfach überragend. So etwas Gutes hatte ich noch nicht gegessen. Dann Fisch und Nachspeise.

Der Abend und die Nacht waren etwas schaukelig, waren wir doch jetzt wieder auf offenem Meer hinter Skjervøy, rund um Loppa. Dafür wurden wir mit ein wenig Nordlicht entschädigt und außerdem gewöhnten wir uns immer mehr an die Bewegungen des Schiffes.

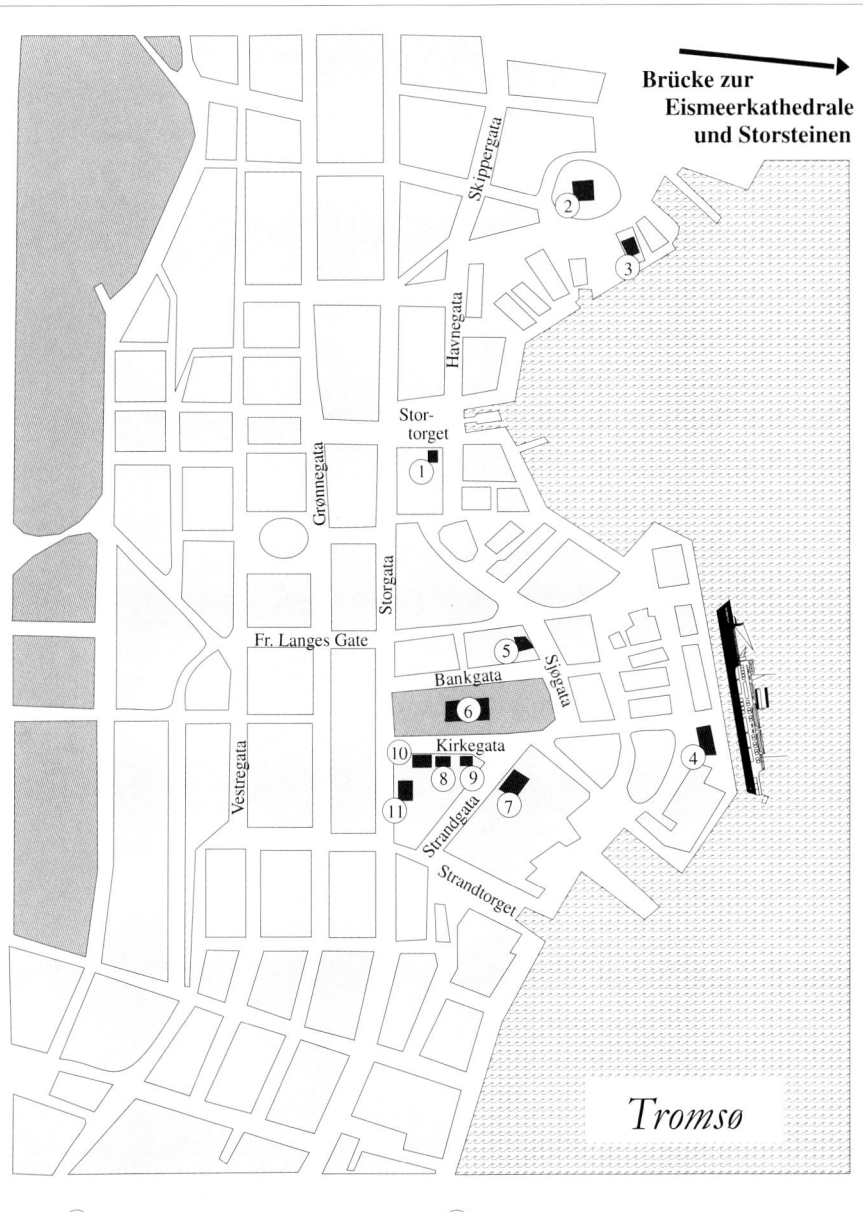

Brücke zur Eismeerkathedrale und Storsteinen

Tromsø

1. Narvesen Kiosk
2. Tromsø Stadtmuseum
3. Polar Museum
4. Hurtigruten Kai
5. Husfliden
6. Tromsø Kirche
7. Post
8. Souvenir Shop
9. Kiosk
10. Gullsmed Kristiansen (Juwelier)
11. Tourist Information

Tromsø am Abend - Das Tor zum Eismeer

▲   "Nordstjernen" - Ruhe an Deck

Die Polarnacht läßt grüßen   ▼

Ach ja, "Skjervøy", da begegneten wir außerplanmäßig einem der neuesten Schiffe der Hurtigruten, der "Richard With", die 1993 für die "Finnmarken" den Dienst angetreten hatte. Die "Richard With" hatte drei Stunden Verspätung, weil sie extra einen Umweg über den Altafjord gefahren war, um dort eine Reisegruppe von 300 Teilnehmern abzuholen. Deswegen trafen wir sie hier im Hafen und nicht auf freier Strecke. Tja, aber nun war der Anlegeplatz besetzt, weil wir dort fahrplanmäßig lagen. Die "Richard With" mußte also warten, bis wir wieder weg waren. Das war ein sonderbarer Anblick, dieses neue Schiff neben unserem - ungefähr dreimal so hoch und dreimal so lang, voll beleuchtet, mit Bar und Neonlicht. Eine andere Welt von Luxus; zwar mit Panoramasalon, aber nicht so lebensnah, wie unsere "Nordstjernen", die wohl ein Stück der Küste selbst geworden ist.

Wir verließen den Hafen, ließen Licht und Stadt hinter uns und schipperten in die dunkle Nacht.

Was gab es heute zu sehen:

⌘ Raftsund cirka ab 24.00 Uhr

Stokmarknes	0.45 - 1.00 Uhr
Sortland	2.15 - 3.00 Uhr
Risøyhamn	4.15 - 4.30 Uhr
Harstad	6.45 - 8.00 Uhr
Finnsnes	11.05 - 12.00 Uhr
Tromsø	14.45 - 18.00 Uhr
Skjervøy	21.55 - 22.30 Uhr

 Info "Richard With":

Reederei: OVDS
Baujahr: 1993
Länge: 120 Meter
Tonnage: über 11 000 BRT
480 Betten, 691 Passagiere
Nachfolgerin der alten "Finnmarken" (2189 BRT, 1956 - 1993)

6. SEEREISETAG: DIENSTAG, DER 29. MÄRZ

Früh mußten wir auf den Beinen sein, um in Hammerfest die Morgensonne zu sehen. Hammerfest schien um 7.00 Uhr noch zu schlafen, wir aber nicht. Wir sahen uns ein wenig um, wollten zum Polarbärenclub, aber der hatte noch zu. Außerdem war es kalt und frostig, aber ein strahlender Sonnenschein begrüßte uns.

 Info Hammerfest:

In **Hammerfest** sehen Sie die Mitternachtssonne vom 17. Mai bis 28. Juli und haben Polarnacht von 21. November bis 23. Januar. Trotzdem haben Sie hier auch im Winter nicht unter minus 4 Grad Celsius. Wegen der langen Zeit der Dunkelheit bekam Hammerfest bereits 1891 die erste elektrische Straßenbeleuchtung der Welt. 1789 war es zur Stadt geworden. Schon in dieser Zeit hatte die Stadt große Bedeutung als Winterhafen. Heute zählt man 6 800 Einwohner in der nördlichsten Stadt der Welt (70° 39´ 48´´). Die Häuser schmiegen sich malerisch an die Berghänge, doch diese Lage ist sehr gefährlich. Der Winter bringt hier große Lawinengefahr mit sich. Fischerei, Handel und in der Vergangenheit besonders die von hier startenden Expeditionen brachten Hammerfest den Aufschwung und seine heutige Bedeutung. Sehenswert: die **Sankt Michaelskirche** mit ihrer leuchtenden Rückwand aus Glasbildern und der im Rathaus untergebrachte **Eisbärenclub mit Museum** (= "Royal Polar Bear Society", freier Eintritt).

Unermüdlich: Hurtigrute auch nachts
der Puls des Lebens

Wind und Wellen tragen uns weiter

Um 8.00 Uhr gingen wir zur Abfahrt und zum anschließenden Frühstück zurück an Bord. Dann erwartete uns eine atemberaubende Sicht: weiße Berge aus tiefblauer See bei strahlendem Wetter. Solche krassen Farbkontraste hatte ich noch nicht gesehen. Nur in Büchern, aber so intensiv selbst erlebt, hatte ich es noch nicht. Wäre dies eine Postkarte gewesen, hätte ich mir wahrscheinlich überlegt, ob sie nachcoloriert sei. Und in dieser einmaligen Kulisse begegneten wir der "Harald Jarl", einem der traditionellen Schiffe. Sie kam aus der Sonne genau auf uns zu und passierte uns mit einem hupenden Gruß.

 Info "Harald Jarl":

Reederei: TFDS
Baujahr: 1960, umgebaut 1985
Länge: 87 Meter
Tonnage: 2568 BRT
225 Betten, 600 Passagiere
Nachfolgerin der alten "Sigurd Jarl" (2335 BRT, 1942 - 1960)

Schon zum Frühstück wurde uns Rundreisepassagieren angekündigt, daß wir nach Havøysund die Brücke besichtigen dürften. Um 11.30 Uhr war es dann soweit und wir wurden auf die Brücke gebeten. Für uns öffnete sich die geheimnisvolle, ansich stets verschlossene Tür auf dem obersten Deck, auf der zu lesen war "No admittance - Adgang forbudt". Wir begaben uns in das "Gehirn des Schiffes", wie es der Kapitän bezeichnete. Er erklärte uns alle Geräte, alle technischen Daten des Schiffes, Radar und Seekarten und eben alles was dazugehörte. Leider hörte ich die Erklärungen nur wie im Nebel, denn die Aussicht von der Brücke durch diese vielen kleinen Fenster bei strahlend klarem Wetter war einfach traumhaft schön und um-

Post für Hammerfest -
Die "Nordstjernen" in der nördlichsten Stadt der Welt

Auf der Brücke
- Kurs Nord liegt an

werfend. Unser Kapitän war genau so, wie man sich ihn vorstellte: würdevoll, respektabel und man hatte die größte Achtung vor ihm. Es dürfte nicht leicht sein, die Verantwortung für Schiff, Besatzung und Passagiere zu tragen und das Schiff durch alle Widrigkeiten von Wind und Wetter sicher durch Untiefen und enge Passagen zu manövrieren. Aber dieses Lob verdienten natürlich auch alle anderen der Crew, die durch ihre Arbeit dazu beitrugen und diese Reise so angenehm machten.

Weiter ging die Fahrt durch eine berauschend schöne Landschaft nach Honningsvåg, zum Fuß des Nordkaps. Diese Farbkontraste, kühl, aber bestechend klar, waren einfach faszinierend. Ich glaube nirgendwo gibt es so klare Farben, so viele intensive Blautöne und so ein gleißendes Weiß, wie hier.

Da die Straße zum Nordkap bis zum 31. Mai jedes Jahr wegen des meterhohen Schnees gesperrt ist, hatten wir die blöde Idee, einen Hubschrauberflug zu machen. Dafür aber hätten wir bis zum nächsten Tag warten müssen, da der nächste Hubschrauber in Alta stand und erst hätte herfliegen müssen. Noch dazu hätte uns dies schlappe 12 000 :- NKr gekostet und natürlich unsere Reisekasse gesprengt. Darüberhinaus kamen uns Bedenken, denn diese Art von Tourismus geht natürlich zu Lasten der beeindruckenden Umwelt, deretwegen wir ja extra angereist waren. Also beließen wir es bei einem Honningsvåg-Bummel mit Besuch des Nordkapmuseums und des zugehörigen Souvenirshops. Auch hier bestätigte sich, daß wir schlichtweg zu früh im Jahr gekommen waren; die Souvenirs waren einfach noch nicht eingetroffen, da man jetzt noch nicht mit Touristen rechnete. Ziemlich "saure Gurken-Zeit" für mich als Andenkenfan.

▲   Auf dem Weg nach Magerøya

Honningsvåg erwartet uns   ▼

 Info Honningsvåg:

Honningsvåg ist für viele nur Ausgangspunkt zum **Nordkap**, doch die 3 000 Einwohner zählende Gemeinde der Westfinnmark hat große Bedeutung als lebhafter Hafen und Umschlagplatz, den jährlich 4 000 bis 5 000 Schiffe anlaufen. Mitternachtssonne haben Sie hier schon von 14. Mai bis 1. August.

Nach der Abfahrt aus Honningsvåg begann die Fahrt nach Osten. Wir hatten den nördlichsten Punkt unserer Fahrt passiert. Von nun ging es in drei großen Schleifen ostwärts über Kjøllefjord, Mehamn und Båtsfjord.

Schöne Hafenbuchten mit anderem, fremdem, arktischem Reiz. Die Finnmark zeigte sich uns als eine flache, schneebedeckte Hochebene, die Buchten waren klein und geschützt. Bunte Häuser am Ufer, die alle in eine Richtung ausgerichtet waren. Gerade eine Hand voll Zivilisation. Ich empfand es fast so, als ob ich als Riese Gulliver mit meinem Riesenschiff in der Bucht von Lilliput vor Anker ginge. Hier hatte sich mein Größenempfinden plötzlich umgedreht.

Wir fuhren vorbei an Finnkjerka, die so maßlos toll ausgesehen hat, weil gerade Abendstimmung war und die sinkende Sonne einen zauberhaften Hintergrund malte. Fast sah diese Felsformation wie verwunschen aus und man hatte das Gefühl, gleich würde sich der Zauberbann lösen und die ursprünglichen Figuren würden wieder erscheinen und ihren Weg fortsetzen. Aber trotz aller Begeisterung war es kalt. Kalte Finger, kalte Nase und schneidender Wind.

▲ Finnkjerka im Abendlicht

Eine Handvoll Zivilisation ▼

▲   Brrrr!

Das Gold der Finmark   ▼

Abendstimmung an Bord - Kurs Ost

Wir hatten uns das Abendessen durchaus verdient. Wie immer war es fantastisch, aber es sollte noch besser kommen: nach dem Essen gab es eine Überraschung, denn die obligatorische Polarkreistaufe war fällig (wer dies noch nicht kennt, sollte hier lieber ein paar Zeilen überspringen, um sich nicht die Spannung für seine eigene Fahrt zu verderben).

Alle taten ganz geheimnisvoll, sogar der Kapitän erschien und ein paar von der Crew, darunter Tine und der Oberstewart.

Dann kündigte der Kapitän eine hochrangige Persönlichkeit an, nämlich den Meeresgott Neptun, der eigens gekommen war, um die Polartaufe vorzunehmen. Wir erhielten ein Zertifikat und ein Glas Sherry, aber vorher ... wurden wir von Neptun unter Mithilfe des Kapitäns ordentlich getauft. Dazu kniet man als Täufling vor

Hoher Besuch: Neptun an Bord

Neptun nieder. Die vor mir befindlichen Töpfe mit Eiswasser und Eiswürfeln kamen mir schon sonderbar vor, als dann aber der Kapitän auch noch kraftvoll und beherzt meinen Kragen faßte und - schwupps - Neptun eine volle Kelle Eiswasser mit Eiswürfeln in meinen Pulli leerte, da fühlte ich mich doch deutlich erfrischt, um nicht zu sagen, daß mir kurzzeitig die Luft weggeblieben ist vor Kälte. Selbst schnellstes Ausleeren der Eiswürfel durch das Hosenbein nach unten, konnten das Ausmaß der Tauffolgen nur wenig mindern; man war halt ab dem Kragen abwärts inklusive Unterwäsche patschnaß. Was für ein Spaß - so im Nachhinein betrachtet, wenn man wieder trocken ist!!! Noch hinzu kam, daß wohl gerade niemand von der Crew Zeit hatte den Part des Neptun zu übernehmen und so wurde diese Ehre meinem Stefan zuteil. Ich war sehr stolz darauf, daß er den Neptun spielen durfte und nicht nur die Krone und den Dreizack bekam, sondern sich auch sonst stilvoll verkleiden mußte, mit einem Overall von TFDS und den extra mit "Neptun" beschrifteten Arbeitshandschuhen.

Es war ein feuchter, aber wunderschöner und lustiger Abend, an dem wir noch bis spät in der Nacht zusammensaßen.

MS. NORDSTJERNEN
NORDGÅENDE.
ABFAHRT - AVGANG

Was gab es heute zu sehen:

Øksfjord	1.50 - 2.00 Uhr
Hammerfest	5.30 - 8.00 Uhr
Havøysund	10.30 - 11.00 Uhr
Honningsvåg	13.05 - 14.45 Uhr
	⌘ Finnkjerka
Kjøllefjord	16.50 - 17.15 Uhr
	⌘ Kinnarodden
	(nördlichster Punkt des europäischen **Festlands**)
Mehamn	19.10 - 20.00 Uhr
Berlevåg	22.40 - 23.00 Uhr

Am Ende eines Tages

![Sonnenuntergang über dem Meer mit Wolken und einer Landzunge]

7. Seereisetag: Mittwoch, der 30. März

Der Wecker läutete früh - wir wollten um 8.00 Uhr aufstehen, um beim Anlegen in Kirkenes, dem Wendepunkt unserer Reise dabei zu sein.

Die Stadt Kirkenes liegt ziemlich entfernt vom Hafen. Zu Fuß läuft man bestimmt 20 Minuten und jetzt bei dem hohen Schnee erst recht. Die Schneehaufen rechts und links der Straße waren so hoch wie ich. Ich mußte mich immer wieder daran erinnern, daß wir schon Ende März hatten und zuhause sicherlich schon die Tulpen aufblühten.

 Info Kirkenes:

Kirkenes wurde einstmals von Finnen gegründet, erst 1870 kamen süd-norwegische Bauern und siedelten sich hier an. 1906 begann man die 11 km von der Stadt entfernten Eisenerzvorkommen abzubauen. Das Eisen-erz wird in Kirkenes zu hochwertigen Pellets verarbeitet und von dort verschifft. Jährlich verlassen Kirkenes cirka 2 Millionen Tonnen davon. In den letzten Jahren zeichnete sich für die 5 000 Einwohner zählende Stadt ein wirtschaftlicher Aufschwung ab.

Zu meiner größten Freude gab es hier ein Hafencafé mit Sou-venirabteilung. Aber was mußte ich sehen? Es war zwar angeblich "Daily open", aber eben jetzt gerade nicht. Von draußen linste ich wehmütig auf Kirkenesaufkleber und Kirkenesanstecker.
- Geschlossen, 2500 Seemeilen Reise und dann geschlossen! Tja, und sonst war nicht viel zu tun, mehr gab es nicht und die Schnee-ballschlacht hatten wir auch schon hinter uns. Also entschlossen wir uns Kirkenes-Hafen bei minus 2 Grad Celcius zu verlassen und statt dessen zum mollig warmen Frühstück zu gehen.

▲   Am Wendepunkt: Im Hafen von Kirkenes

Wann geht die nächste Scholle?   ▼

Neben uns am Tisch für Offiziere saßen der Kapitän, ein Reporter und unseren Mutmaßungen nach wohl der Bürgermeister von Kirkenes (der Reporter war vom "Sør-Varanger", den sie doch sicherlich kennen werden, und der "Bürgermeister" entpuppte sich später als der Hafenchef). Es ging um die letzte Fahrt der "Nordstjernen", soviel konnten wir verstehen, und zum Abschluß des Interviews gab es noch ein Bild mit dem Kapitän, dem Hafenchef und einem sehr schönen Strauß Blumen. Inzwischen kam ein Auto angefahren, das meiner Beobachtung nicht entging. Es hielt vor dem Hafensouvenir-Café und eine Dame schloß auf. Offenbar war wohl das Anlegen der "Nordstjernen" einfach verschlafen worden. Wie auch immer, jetzt konnte ich jedenfalls endlich die Kirkenessouvenirs meiner Sammlung einverleiben; darunter ein Plüschelch, ein Eisbär aus Holz, ein Aquarellbild eines ansässigen Künstlers und natürlich jede Menge Postkarten. Nicht schlecht, ich war zufrieden!

Bis heute waren wir eine nordgående Hurtigrute, und nun, als wir mit heftigem Hupen wieder aus Kirkenes abfuhren, waren wir eine sydgående Hurtigrute geworden. Das stimmte uns natürlich schon ein wenig traurig, denn quasi begann ja jetzt unser Rückweg.

Langsam fuhren wir aus dem Hafen aus. Rund um das Schiff trieben kleine Eisschollen, nichts Dramatisches, aber eben doch Eis. Das war schon irgendwie beeindruckend.

Weiter ging die Fahrt nach Vadsø, dort lag der Schnee sehr hoch und es schneite noch weiter. Dann erreichten wir Vardø. Dort wollten wir die Stunde Aufenthalt nutzen und uns die sternförmige Festung ansehen.

 Info Vadsø:

Vadsø begann als kleine Fischereisiedlung auf der dem Festland gegenüber-
liegenden Insel Vadsöya. Als es 1717 auf das Festland verlegt und 1833 zur
Stadt erklärt wurde, begann Vadsøs Aufstieg. Bis 1875 sprach jedoch noch
mehr als die Hälfte der Einwohner Finnisch. Heute ist dies bei den inzwischen
6 000 Einwohnern nicht mehr der Fall. Vadsø ist Verwaltungszentrum der
Finnmark, lebt aber hauptsächlich von der Fischerei und Fischverarbeitung.
Die **Finnmark** war um das Jahr 1681 Ort der Verbannung. Hierher kamen
abgeurteilte Verbrecher und Landstreicher. Zu dieser Zeit pachteten Bürger
aus Bergen die ganze Finnmark für einen Spottpreis. Nur langsam konnte sich
die Finnmark eine Position im Wirtschaftsleben erkämpfen.
Im Landesinneren können Sie hier im Winter minus 50 Grad Celsius und im
Sommer plus 32 Grad Celsius finden. Die Küste hat da ein wesentlich
milderes, gleichbleibenderes Klima.

Vardø - Garantiert schneesicher bis April

 Info Vardø:

Vardø ist die östlichste Stadt Norwegens und liegt auf einer vorgelagerten Insel, die seit 1982 durch einen cirka 3 km langen **Tunnel** mit dem Festland verbunden ist. Die ursprüngliche Festung von Vardø, **Vardøhus**, stammte cirka von 1310, wurde aber zerstört. Die heutige, wie ein achtzackiger Stern angelegte Festung wurde 1734 bis 1738 erbaut. Die Festung steht Besuchern offen, die dort auch den **nördlichsten Baum** der Welt finden, die best-geschützteste und gepflegteste Esche, die jeden Herbst ein Wintermantel angelegt bekommt, ja es gibt sogar ein Förderverein "Freunde der Esche von Vardø".
Die Festung begrüßt jedes Jahr die zurückkehrende Sonne Mitte Januar durch Salutschüsse. Zu diesem festlichen Anlaß ist sogar schulfrei. Sie können also ermessen, was die Rückkehr des Lichts für den Norden und Vardøs 3 100 Einwohner bedeutet.

Der Schnee am Straßenrand war gut zwei Meter hoch; manche Häuser waren bis über die Fenster eingeschneit. Die Festung war schwer zu erkennen unter dem vielen Schnee, aber die Flagge wies uns den Weg. Schon ein paar Kreuzungen vorher trafen wir einen älteren Herren mit einem Schlitten, wie ihn im Norden viele haben. Der Herr sprach deutsch, sehr gut sogar, und bot an, uns Festung und Kirche zu zeigen. Es stellte sich heraus, daß er der hiesige Küster war und alle notwendigen Schlüssel hatte. So war es also möglich, außerhalb jeglicher Saison oder Öffnungszeiten Festung und Kirche zu besichtigen.

Sogar mit seinem Schlitten durften wir fahren. - Das war ungewohnt! Der Schlitten ging sehr schnell und leicht und ich mußte schon aufpassen, um nicht irgendwohin zu fahren, wo ich eigentlich gar nicht hin wollte; vielleicht sogar in den nächsten Schneehaufen. Aber es hat uns riesigen Spaß gemacht und wo hat man schon einmal eine solche Möglichkeit.

Im Eiltempo hatten wir uns die Kirche angesehen. Sie hatte einen Keramikaltar, ein Kruzifix aus Ölbaum, ein Harmonium aus Dortmund und einen Flügel aus Braunschweig. Dann, es war schon fast zu spät, mußten wir im Laufschritt eilends zurück zum Schiff. Die Strecke war ziemlich weit von der Kirche zum Schiff. Wir kamen gerade angerannt, liefen die Gangway hoch und da begannen wir auch schon mit dem Ablegen. Und dann: die "Nordstjernen" bekam von der Festung drei Schuß Ehrensalut zu ihrem letzten Auslaufen aus Vardøs Hafen. Der in Vardø stationierte Rettungskreuzer eskortierte uns aus dem Hafen hinaus und die "Nordstjernen" dankte mit heftigem Hupen und grüßte ein letztes Mal.

Es fing an zu schneien und es war trübe, passend zu unserer melancholischen Stimmung.

Der Rest des Tages verging mit Ratschen. Es waren interessante Menschen, die man hier unweigerlich kennenlernte und man konnte viel Neues hören oder einfach in zwei Stunden angeregter Unterhaltung die gesamten Probleme der Welt lösen. - Bis es Abendessen gab, mußten wir allerdings damit fertig sein.

Es gab Tomatencremesuppe, Torsk und Früchte.

Der Obersteward hatte sich für uns einen gemütlichen Abendausklang ausgedacht. Er zeigte uns Videofilme über die Hurtigrute, über das Nordkap, über die Lofoten und vieles mehr. Es war ein sehr netter und gemütlicher Abend. Er erzählte uns auch, daß er schon früher auf Svalbard gewesen war und nun wohl die "Nordstjernen" von Juni bis

August auf ihren Fahrten dorthin begleiten würde. Ich war froh, so wußte ich doch jetzt, daß zwei Freunde diese Fahrten gemeinsam machen würden. Übrigens, die "Nordstjernen" kannte Svalbard bereits, denn in den 70er Jahren war sie auf dieser Route eingesetzt worden, so wurde uns erzählt. Wir saßen bis spät in die Nacht und lauschten den interessanten Erzählungen.

 Was gab es heute zu sehen:

Båtsfjord	1.30 - 1.30 Uhr
Vardø	4.15 - 5.00 Uhr
Vadsø	
Kirkenes	8.15 - 10.15 Uhr
Vadsø	11.40 - 12.15 Uhr
Vardø	15.30 - 16.30 Uhr
Båtsfjord	19.25 - 20.00 Uhr
Berlevåg	21.55 - 22.00 Uhr

8. SEEREISETAG: DONNERSTAG, DER 31. MÄRZ

Honningsvåg (Info siehe Seite 71) hatten wir verschlafen, das war uns zu früh gewesen. Aber für Hammerfest waren wir schon mächtig fit und hatten gut gefrühstückt, als wir um 11.30 Uhr dort ankamen. Schon wieder war der Himmel strahlend blau, wie er schöner gar nicht sein konnte.

Von Bord aus hatte man für uns arrangiert, daß der in Hammerfest (Info siehe Seite 63) ansässige "Isbjørnklubben", die "Royal Polar Bear Society", heute am Gründonnerstag extra für uns geöffnet hatte.

▲   Vor Havøysund

Grüße von der "Vesterålen"   ▼

▲ Nase im Wind

Wohnen in "Utkant Norge" ▼

▲ Ein Blick zurück

Glattes Parkett in Hammerfest ▼

So stürmten also alle Rundreisepassagiere (inzwischen waren wir 14 Teilnehmer) den "Isbjørnklubben". Stefan und ich waren schon im letzten Jahr Clubmitglied geworden, was uns seit dem berechtigte, an der Vereinsversammlung am ersten Sonntag im Januar in Hammerfests Rathaus teilzunehmen (bis jetzt war uns dies leider aber noch nicht gelungen).

Natürlich hatte ich meinen Ausweis dabei, so etwas Wichtiges trägt man als Nordlandfahrer schließlich immer bei sich, genau wie den Ausweis des Royal North Cape Clubs, den Personalausweis und die Scheckkarte, das ist Grundausstattung. Überraschenderweise blieben dort ein paar Souvenirs an uns hän-gen und so zogen wir wie bei einer Butterfahrt mit Tüten bepackt wieder an Bord. Ansonsten hatte ja alles zu. Das war hart, denn "Hagen" in der Rådhusgatan hätte noch tolles und besonders ausgefallenes Kunsthandwerk gehabt, aber leider konnten wir es nur von außen durch das Fenster bewundern. Ich kam mir vor wie im Aquarium oder besser noch, wie der Hund vor dem Eisschrank.

Zwei unserer Bekannten vom Schiff, Wolle und Stephan, wollten den Berg hinter der Stadt hochsteigen, um von dort aus herunter auf den Hafen und das Schiff fotografieren zu können. Aber hüfttiefer Schnee und steile Bergwand sollten dieses Vorhaben zumindest zum Teil vereiteln. Bei diesem Unterfangen, so haben wir später erfahren, ging Stephans Fotoausrüstung selbständig auf Skitour und nur beherztes Eingreifen von Wolle machte diesem Ausflug ein Ende. Allerdings war alles naß, sowohl die Ausrüstung, wie auch unsere Reisekameraden.

Unten in der Stadt war es auch nicht einfach, sich fortzubewegen, denn es war spiegelglatt. Eine dicke Eisschicht, von der Sonne

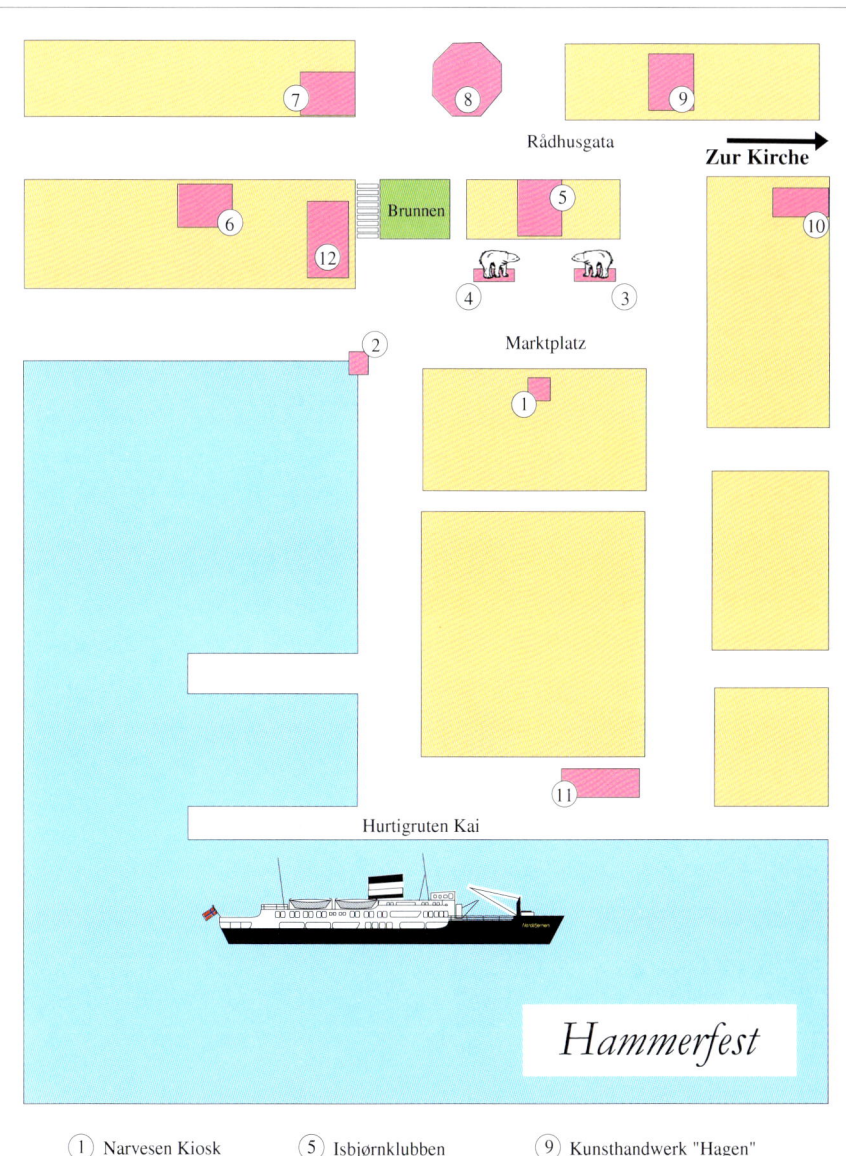

Rådhusgata

Zur Kirche

Brunnen

Marktplatz

Hurtigruten Kai

Hammerfest

① Narvesen Kiosk	⑤ Isbjørnklubben	⑨ Kunsthandwerk "Hagen"
② Skulptur "Eismeer"	⑥ Supermarkt	⑩ Post
③ Rechter Eisbär	⑦ Bank	⑪ Tourist Information
④ Linker Eisbär	⑧ Pavillion	⑫ Einkaufszentrum

aufgewärmt und so mit einer vortrefflichen Schlidderoberfläche versehen, machte es uns schwer. Sogar das aufrechte Stehen war an manchen Stellen schwierig und nicht ganz ungefährlich. Und dann mußten wir wieder im Laufschritt zurück zum Schiff, weil es inzwischen so spät geworden war. Ich schätze, wir sahen aus, wie eine Gruppe von Pinguinen, die es eilig hatten ins Wasser zu kommen.

Abfahrt um 13.00 Uhr hinaus in die blaue See, vorbei an schneebedeckten Bergen. Dieses Traumwetter mit der Traumlandschaft hatte wieder viele Filme gekostet. 20 Videofilme hatten wir mit, aber sie würden nicht reichen. Nur noch vier waren übrig und ich wußte nicht, wie ich damit über die Runden kommen sollte. Wegen der Osterfeiertage konnte ich auch keine kaufen.

Apropos "Ostern": Seit diesem Morgen hatten wir im Speisesaal eine Osterdekoration. Auf jedem Tisch stand ein circa 15 cm großes Plastikküken, das man, wie wir später entdeckten, öffnen konnte und darin versteckte Süßigkeiten fand. Das war auch wieder so ein netter, liebevoller Einfall, wie ich es hier an diesem Service so schätzte.

Nächster Halt, aber mehr so im Vorbeigehen, war Øksfjord von 15.50 bis 16.00 Uhr. Ich glaube, wir hatten dort noch nicht einmal fest vertaut, so schnell ging das. Kurz danach kam eine Ansage, daß auf der linken Seite der Øksfjordjökul wäre, der als einziger Gletscher außerhalb Svalbards direkt ins Meer kalben würde. Ich habe zwar den Gletscher ausmachen können, aber leider nicht die Stelle, wo er das Meer erreicht.

Osterwetter im Hohen Norden -
Was für ein Traum

Berge aus Zuckerwatte und die
tiefblaue See - Frihetsvind!

 Info Øksfjordjökulen:

Der **Øksfjordjökulen** ist Norwegens fünftgrößter Gletscher mit 1166 m Höhe. Bei Kvænangen kalbt er direkt in den Jökelfjord (ist vom Meer und damit vom Schiff aus leider nicht zu sehen).

Also weiter ging die Fahrt. Wir haben noch zweimal außerplanmäßig auf offener See gestoppt, damit Passagiere aus- und einsteigen konnten. Zuerst näherte sich ein Kutter an steuerbord und zwei Leute kamen über die Strickleiter auf die "Nordstjernen".

Nur cirka zehn Minuten später, am nächsten Fjord stieg ein älterer Mann an backbord ebenfalls über die Strickleiter in ein unheimlich kleines Fischerboot um, und das auch noch mit Katze im Käfig. Dies war ein außerordentlich schwieriges Unterfangen.

Den Tag heute hatten wir ruhig angehen lassen, zumindest den Nachmittag. Wir haben einfach nur dagesessen und die Landschaft in dieser herrlichen Sonne an uns vorüberziehen lassen, bis es Abendessen gab: Rentier! Die Zubereitung war einfach ausgezeichnet, aber Wild ist halt nicht jedermanns Geschmack und so blieb ich bei der Suppe und dem Nachtisch, währenddessen Stefan in Rentier geradezu schwelgte.

Abends haben wir noch viel geredet und gelacht, wie es sich hier eben immer so ergibt. Endlich hat man mal die Muße für ein nettes Gespräch, für ein lustiges Beisammensein, ohne unter Zeitdruck oder dem Gefühl "Eigentlich-Müßte-Ich-Ja-Noch-Bis-Morgen-Unbedingt-Dies-Oder-Jenes-Machen" zu stehen. Draußen zogen Skjervøy und

▲   Meer zum Greifen nahe

Auf dem Unterdeck   ▼

Gischt:
Salz auf der Haut

Tasche auf
Reisen ▼

▲ Traum in Blau

Momente der Ruhe ▼

Finnsnes vorbei, wir fuhren wieder rund um Loppa (diese Insel war übrigens bis 1890 im Besitz eines Engländers) und erreichten kurz vor Mitternacht Tromsø. Wir schliefen schon, während der Kapitän in Tromsø Interviews geben und für Bilder posieren mußte. Über die "Nordstjernen" sollte nämlich in der Osterausgabe der Zeitung "Nordlys" ein Artikel erscheinen.

 Info "Lofoten":

Reederei: FFR
Baujahr: 1964, umgebaut 1985
Länge: 86 Meter
Tonnage: 2597 BRT
233 Betten
Nachfolgerin der alten "Lofoten" (1571 BRT, 1932 - 1964)

 Was gab es heute zu sehen:

Mehamn   0.40 - 1.15 Uhr
Kjøllefjord   3.10 - 3.30 Uhr
Honningsvåg   5.35 - 6.45 Uhr
Havøysund   8.45 - 8.45 Uhr
Hammerfest   11.15 - 13.00Uhr
Øksfjord   15.55 - 16.00 Uhr
                 ⌘ Øksfjordjökulen
Skjervøy   19.20 - 20.00 Uhr
Tromsø   23.45 - 1.30 Uhr

Leise geht der Tag ...

... und grüßt den Abend

9. SEEREISETAG: FREITAG, DER 1. APRIL

Heute war Karfreitag, da hatte natürlich wieder alles zu. Um 8.00 Uhr erreichten wir Harstad. Auf dem Hurtigrutenplatz lag aber noch die "Kong Harald", eines der neuen, großen Schwesterschiffe. So "parkte" die "Nordstjernen" erst einmal weiter hinten am Kai. Wir stiegen aus und machten Fotos. Plötzlich wurde die Gangway abgehängt, die Taue gelöst und ganz leise und langsam glitt die "Nordstjernen" am Kai entlang (an uns vorbei) zu ihrem eigentlichen Anlegeplatz. Die "Kong Harald" war nämlich inzwischen abgefahren und hatte Platz gemacht. Fast sah die "Nordstjernen" aus wie ein artiges kleines Kind, das man bei der Hand nimmt und es langsam klein und hilflos folgt. Ihr Tau hatte einer der Matrosen in der Hand, der mit ihr zusammen weiter nach vorne lief und sie dort wieder festmachte. Für kurze Zeit waren wir natürlich ganz schön erschrocken, als die "Nordstjernen" sich anschickte wieder abzulegen.

 Info "Kong Harald":

Reederei: TFDS
Baujahr: 1993
Länge: 120 Meter
Tonnage: über 11 000 BRT
480 Betten, 691 Passagiere
Nachfolgerin der alten "Polarlys" (2310 BRT, 1952 - 1993)

Ansonsten machte Harstad heute eher einen noch schlafenden Eindruck, die Geschäfte waren geschlossen und es war zu früh am Morgen. So legten wir also wieder ab und gingen beruhigt zum Frühstück. Hatte in Harstad überhaupt jemand bemerkt, daß wir dagewesen waren?

Nord und Süd - Alt und Neu:
Zwei Kollegen treffen sich

 Info Harstad:

Harstad, auf Norwegens größter Insel gelegen, hat mit den umliegenden Kommunen über 22 000 Einwohner, Harstads Zentrum jedoch nur 6 000, ist aber als wirtschaftliches Zentrum der Vesterålen sehr bedeutend. Außerhalb von Harstad (bei der Ausfahrt aus dem Hafen auf der Südroute) erblickt man linkerhand die **Kirche von Tröndenes**, deren Ursprünge in das 12. Jahrhundert zurückreichen. Damals noch eine Holzkirche, wurde sie 1250 durch einen sehr wehrhaft anmutenden Steinbau mit dicken Mauern ersetzt.

Bitte aufrücken!

![NORDSTJERNEN TROMSØ]

Wetterwechsel:
Im Land der
Bergtrolle ist
alles möglich

Bald nach Harstad wurde die Fahrt langsamer, etwas Außergewöhnliches kündigte sich an und zwar die schwierige Durchfahrt durch die enge und nicht sehr tiefe Risøyrinne. Dafür waren Kapitän und weitere zwei Mann auf der Brücke; der Kapitän gab knappe Anweisungen, die der dritte Mann am Steuerrad ausführte. Nix mit Autopilot und berechnetem Kurs, hier waren Erfahrung, Augenmaß und Können gefragt. Man sah dem Kapitän höchste Konzentration an. Rechts und links vom Schiff waren hölzerne Gestelle, die die Fahrrinne markierten. Sie glitten so nahe am Schiff vorüber, daß man das Gefühl hatte, sie greifen zu können. Auch Inseln und Klippen beidseits des Schiffes waren beachtlich nahe.

Außerhalb dieser gekennzeichneten Zone sah man bereits dicht unter der Wasseroberfläche auf den Grund, es wäre also viel zu flach gewesen für die "Nordstjernen". Diese Durchfahrt dauerte bestimmt 15 Minuten langsamster Fahrt und war ungeheuer eindrucksvoll. Für mich war das sogar noch beeindruckender als die Einfahrt in den Trollfjord. Erst das Einlaufen in den Hafen von Risøyhamn löste die Spannung.

 **I**nfo Risøyrinne:

Die vor Risøyhamn gelegene **Risøyrinne** ist ein 4,5 km langer, 1922 fertig gestellter, künstlicher Kanal (die Baukosten beliefen sich auf 4 Millionen Kronen) und auch heute muß der Kanal laufend ausgebaggert werden, um nicht für die Schiffe zu flach zu werden. Vor dem Bau des Kanals mußten die Schiffe den wesentlich weiteren Weg durch den Tjelsund nehmen.

Im Hafen von Risøyhamn

Ein kurzer Landgang war fällig. Uns erwartete hier kein besonders großer Ort, eigentlich nur ein paar malerische Häuser und so gingen wir wieder auf unser Schiff und fuhren bald ab.

Unsere nächste Station war Sortland, wo wir unter der Brücke hindurch fuhren. Hier rückten die Berge schon ziemlich eng zusammen, aber nichts gegen das, was noch kommen sollte. Weiter nach Stokmarknes. Eigentlich wollten wir in Stokmarknes das Hurtigruten-Museum besuchen, das 1993 zum 100-jährigen Jubiläum der Hurtigrute eröffnet hatte. Aber leider war wegen Ostern niemand zu erreichen und das Museum blieb geschlossen - Schade!

 Info Sortland und Stokmarknes:

Die 961 m lange **Sortlandbrücke** ist eine der vielen von 1974 bis 1978 erbauten Brücken, die die Inseln der Vesterålen miteinander verbinden. Die **Brücke bei Stokmarknes** ist mit 1,02 km die längste dieser Brücken. Durch die Brückenverbindung der Vesterålen mit dem Festland verstärkte sich natürlich die wirtschaftliche und gesellschaftliche Anbindung der Inselgruppe, sie führte aber auch zu ungeahnten Problemen. So kamen über die Brücken zum Beispiel erstmals Füchse auf die Inselgruppe und man mußte sich bei der Brücke von Stokmarknes einen besonderen Fuchs-Schutz ausdenken. **Sortland**, bereits seit 1781 als Handelsplatz bekannt, zählt heute immerhin 4 000 Einwohner. **Stokmarknes** ist für "Hurtigruten"-Fans sehr bedeutend, denn hier liegt die Wiege der "Hurtigrute". 1881 gründete Richard With die Vesterålens Dampskibsselskab, die später mit der Ofotens Dampskibsselskab fusionierte und die heutige Ofotens og Vesterålens Dampskibsselskab (= OVDS) bildet. Am 2. Juli 1893 startete die erste "Hurtigrute" von Trondheim nach Hammerfest. Seit dem 100-jährigen Jubiläum der "Hurtigrute" im Jahre 1993 befindet sich in Stokmarknes das **Hurtigruten-Museum**. Heute hat Stokmarknes 3 500 Einwohner.

Aber dann kam, wie als Entschädigung für das geschlossene Museum, bei einem traumhaft schönen Wetter eine wunderbare Landschaft: der Raftsund. Wie Sie wissen, hatte ich ihn nordgåend bisher immer verschlafen und nun - sydgåend - lag er am Nachmittag vor uns, durch eine warme sinkende Sonne in ein märchenhaftes Licht getaucht. Der Raftsund ist 26 Kilometer lang und sehr schmal und deswegen entstehen heftige Strömungen (bis zu 70 km/h) und sichtbare Strudel. An diesen Stellen bildete sich, wie in der Badewanne, wenn man den Stöpsel zieht, ein Sog im Wasser.

Eingang zum Raftsund
- Tor zum Reich der Riesen

Woher wir kommen und wohin wir gehen

![Einblicke - Schneebedeckte Berge am Raftsund mit dramatischem Himmel]

"Einblicke"

 Info Raftsund:

Der **Raftsund** verbindet die Vesterålen mit den Lofoten. Die Berge, die den Raftsund säumen, sind über 1 000 m hoch. Der **Trollfjord** mit seiner nur 100 m breiten Einfahrt ist 2 km lang.

Kennen Sie "Raftsund - Poker"? Das geht ganz einfach. Man steht vorne auf der Brücke und wettet, ob man jetzt an der nächsten Insel rechts oder links vorbeifährt. Und wenn man gerade Witzchen macht über eine besonders enge Passage, wo wohl noch nicht einmal ein Kutter hindurchpaßt, da fährt Hurtigruten dann sicher durch!

Hier drehte sich das Größenverhältnis wieder um und ich fühlte mich klein und unbedeutend, als wir mit dem Schiff durch diese engen "Gassen" fuhren und rechts und links - überall um einen herum - hohe, schneebedeckte Berge aufragten. Die Einfahrt zum Trollfjord hätten wir beinahe übersehen, so klein und eng ist die Passage. Hineinfahren konnten wir jedoch nicht, da der Trollfjord noch vereist war.

Der Trollfjord

Der Raftsund gibt uns wieder frei -
Wir verlassen das Reich des Bergkönigs

Das warme Abendlicht und grandiose Wolkenformationen ließen diese Umgebung noch unwirklicher und noch eindrucksvoller aussehen.

Wir standen gut drei bis vier Stunden und doch verging die Zeit wie im Fluge. Für mich war die Passage durch den Raftsund wirklich einer der Höhepunkte der Reise. Trotzdem war ich fast erleichtert, als wir nach dem Raftsund Svolvær (Info siehe Seite 52) anliefen, weil ich keinen Zentimeter Videofilm mehr hatte - alles im Raftsund verbraucht. Vor lauter umwerfend schönen Eindrücken war ich aus dem "Och" und "Aaah" nicht mehr herausgekommen. Der Halt in Svolvær brachte da wieder ein wenig Ruhe in mein Gemüt. Und, was wollte man mehr? Der dortige Fotoladen hatte trotz Karfreitag und abendlicher Stunde geöffnet und sogar meine passenden Videofilme zu einem annehmbaren Preis.

Auf der Hinfahrt, es war ja nur weniger als eine Woche her, da war in Svolvær gerade das Fest zum Abschluß der Lofoten-Fischfangsaison gewesen und heute hing der gefangene Torsk schon auf den Trockengestellen. Nun ja, klar roch es ein wenig danach im Hafen, aber das gehörte eben hierher.

Die Lofoten haben wohl immer die kontrastreichsten Farbkompositionen zu bieten. Und gerade hier in Svolvær fiel es mir wieder besonders auf. Pechschwarze Felsen erhoben sich aus einer tiefblauen See. Davor die Trockengestelle mit dem Fisch, der in der Sonne fast wie mattes Gold glänzte. Dazu bunte, und zwar knallbunte Häuschen. Weiß gleißender Schnee und im Sommer satte, grüne Wiesen. Und in diesem Meer aus Farben unsere "Nordstjernen" mit ihrem

▲   Kurz vor Svolvær

Das Gold der Lofoten - Torsk   ▼

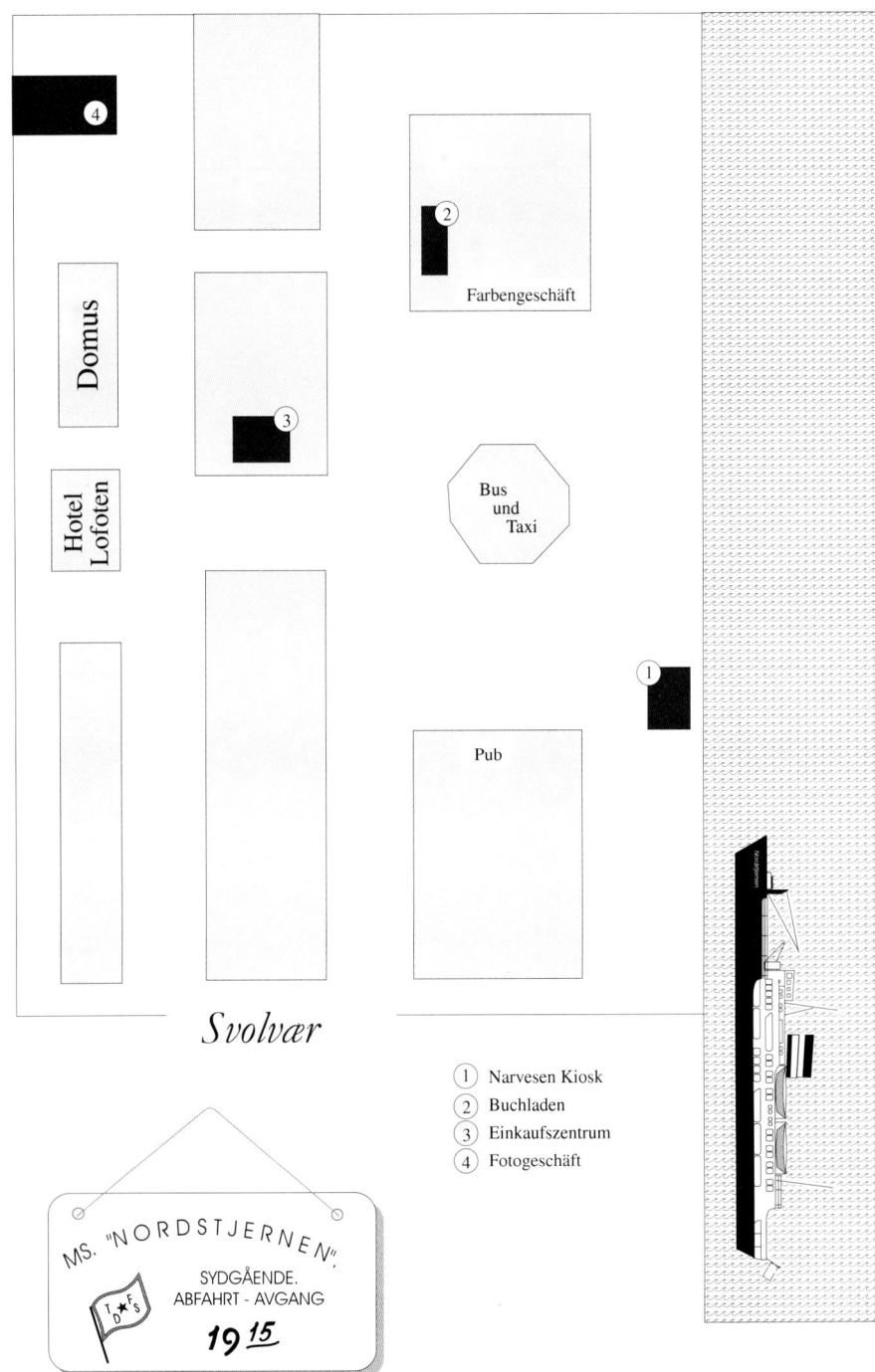

Domus

Hotel Lofoten

Farbengeschäft

Bus
und
Taxi

Pub

Svolvær

① Narvesen Kiosk
② Buchladen
③ Einkaufszentrum
④ Fotogeschäft

MS. "NORDSTJERNEN".
SYDGÅENDE.
ABFAHRT - AVGANG
19 15

unverkennbaren Schornstein in weiß, rot und schwarz. Ein wunderschöner Anblick.

Als wir vom Landgang zurück an Bord kamen, trafen wir den Zahlmeister und einen der Offiziere. Wir tauschten Erlebnisse aus und sichteten gegenseitig unsere Einkäufe. Dann kam noch der Radiooffizier (Funker), auch er hatte an Land ein paar Süßigkeiten und Zeitungen erstanden.

Es war schon erstaunlich, wie gut der Kontakt zur Crew geworden war. Man fühlte sich nicht nur freundschaftlich verbunden, sondern fast sogar familiär, wie eine große "Nordstjernen"-Familie.

Bevor wir Svolvær wieder verließen, waren wir kurz in der Kabine, um unsere neuerworbenen Schätze zu verpacken, denn in dem Fotoladen gab es nicht nur die heiß ersehnten Filme, sondern auch eine Menge CDs mit wunderbarer norwegischer Musik, die ich zum Nachvertonen unserer Videofilme im Auge hatte.

Während des Abendessens, es gab Kokt Kveite (= gekochter Heilbutt), fuhren wir weiter nach Stamsund (Info siehe Seite 51). Ein herrlicher Sonnenuntergang begleitete uns. Fast sah es aus, als seien die schneebedeckten Berge mit ihren Spitzen in rosa Zuckerguß getaucht worden. An den Riffen klatsche die Gischt meterhoch in die Höhe und hinter den dunklen Bergen von Stamsund glühte der Himmel, die Wolken waren rotgolden und die Sonne veranstaltete geradezu ein Feuerwerk der Farben. Und in dieser Kulisse kam uns dann die "Ragnvald Jarl", eines der traditionellen Schiffe, entgegen. Die Schiffe begegneten sich, wieder begleitet von Hupen, Jubel und Winken der Menschen an Bord beider Schiffe. Auf jedem traditionel-

Symphonie der Farben
zwischen Svolvær und Stamsund

Wir treffen einen Freund:
Die "Ragnvald Jarl" auf Nordkurs

len Schwesterschiff hatte man sich auf die Begegnung mit der "Nordstjernen" besonders vorbereitet, denn immer sahen wir Fahnen, Bettlaken oder Transparente zu uns herüberleuchten.

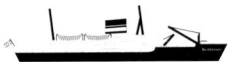 Info "Ragnvald Jarl":

Reederei: TFDS
Baujahr: 1956, umgebaut 1985
Länge: 80 Meter
Tonnage: 2196 BRT
205 Betten, 585 Passagiere
Nachfolgerin der alten "Ragnvald Jarl" (1789 BRT, 1930 - 1956)

Als wir aneinander vorbei waren, sah ich der "Ragnvald Jarl" nach, wie sie mit der Kulisse der schneebedeckten Berge verschmolz, wie sie ein Teil von ihr wurde und ich wurde mir einmal mehr bewußt, wie sehr die Hurtigrute mit dem Land verbunden und in ihm verwurzelt war.

Diese Eindrücke galt es erst einmal zu verarbeiten und noch dazu kam jetzt die Passage über den Vestfjord, also wieder vier Stunden offene Seestrecke, und so entschlossen wir uns, unsere Matrazen aus allernächster Nähe zu begutachten. Übrigens hat es bis jetzt immer geholfen, die etwas schaukeligen Passagen zu verschlafen.

 Was gab es heute zu sehen:

Tromsø   23.45 - 1.20 Uhr
Finnsnes   4.15 - 4.45 Uhr
Harstad   8.00 - 8.45 Uhr

	⌘ Risøyrinne	
Risøyhamn	10.55 - 11.15 Uhr	
Sortland	12.30 -13.15 Uhr	
Stokmarknes	14.30 - 15.15 Uhr mit ⌘ "Hurtigruten"-Museum	
	⌘ Raftsund	
Svolvær	18.15 - 19.15 Uhr	
Stamsund	20.50 - 21.15 Uhr	

10. SEEREISETAG: SAMSTAG, DER 2. APRIL

Bodø (Info siehe Seite 49) hatten wir in der Nacht hinter uns gelassen. Ein paar der Passagiere waren aufgeblieben und berichteten von herrlichen Bildern, aber irgendwann muß der Mensch einfach einmal schlafen, auch, wenn es bei dem Vielen, was es hier zu sehen gibt, schwer fällt.

Die Fahrt am Vormittag Richtung Polarkreis war ziemlich windig, aber wir bekamen den Wind konstant von einer Seite, sodaß das Schiff nicht unruhig war, sondern einfach nur schräg im Wasser lag.

Mächtig hohe Wellen waren um uns herum und der Wind fegte die Gischt über das Wasser und über das Schiff. Ich stand gerade draußen an der Reling und filmte das entgegenkommende Schwesterschiff, die "Narvik", da erhielt ich einen feuchten Gruß von Neptun: ich bekam eine volle Ladung Welle übergegossen und war patschnaß, inclusive meiner Kamera. Und das mit dem Salzwasser! Sofort begann ich mit hektischen Abtrocken- und Wischaktionen, während mir selbst das Wasser das Gesicht entlang lief auf meinen eh schon triefnassen Pulli. So erfrischt konnte ich nun beruhigt zum Frühstück gehen, wo man erfreut zur Kenntnis nahm, daß ich wohl endlich mal geduscht hätte. Ha, ha!

Frische Brise aus Süd-West

Am Polarkreis treffen wir die "Narvik"

 Info "Narvik":

Reederei: OVDS
Baujahr: 1982
Länge: fast 109 Meter
Tonnage: 4073 BRT
178 Betten, 410 Passagiere
Nachfolgerin der alten "Håkon Jarl" (2173 BRT, 1952 - 1982)

Weil wir Ørnes schon verpaßt hatten, das war cirka 6.00 Uhr morgens und viel zu früh für uns, wollten wir uns wenigstens Nesna um 10.55 Uhr ansehen. Aber was wir vorfanden, war ein kleines verschlafenes Örtchen, in dem wir auch nicht lange Aufenthalt hatten. Etwas geschäftiger ging es da schon bei unserem nächsten Halt in Sandnessjøen zu, da hatten sogar noch ein Supermarkt und zwei Kioske geöffnet, die von uns zeitungs- und postkartenmäßig geplündert wurden. Wir waren hinter jeder Zeitung her, weil wir inzwischen entdeckt hatten, daß öfters Artikel über die "Nordstjernen" enthalten waren und über ihre letzte Fahrt berichtet wurde. Für den Souvenirladen (auf der Hauptstraße nach cirka 500m auf der rechten Seite) und den Buchladen (auf der Hauptstraße nach cirka 700 m auf der linken Seite) war es aber leider schon zu spät. Sie hatten heute, am Samstag, um 13.00 Uhr geschlossen und bis wir dort waren, war es eben 13.05 Uhr. Pech!

Später, bei der Abfahrt aus Brønnøysund, fuhren wir unter der Brücke hindurch und an wunderschönen Fischerhütten auf Pfählen am Wasser (sog. Rorbus) vorbei, und wir begannen uns zu fragen, ob der Kapitän wohl uns zuliebe eine Ehrenrunde um den Torghatten fahren würde, damit wir das sagenumwobene Loch im Fels besser sehen könnten. Und tatsächlich, er tat uns den Gefallen! So waren

auch hier wieder ein paar Fotos fällig. Inzwischen hatten wir also 20 Diafilme à 36 Aufnahmen und 24 Videofilme à 30 Minuten verbraucht und noch immer befiel mich der Verdacht, daß unser Filmmaterial nicht ausreichen würde. So war ich auch weiterhin in jedem Ort auf der Suche nach frischen, leeren Filmen.

 Info Torghatten:

Südlich von **Brønnøysun**d liegt der Felsen **Torghatten** mit seinem sagenumwobenen Loch in der Mitte des Berges. Dieses Loch mißt immerhin 160 m in der Länge, 12 bis 15 m in der Breite und 25 bis 35 m in der Höhe. Bei diesen Ausmaßen glaubt man schon die Geschichte, daß Torghatten der vom Pfeil durchbohrte Hut des Trollkönigs ist. Oder zweifeln Sie vielleicht an dieser Erklärung?

Der restliche Nachmittag bis zum Abendessen verging als "Putz- und Flickstunde", wie wir es nannten, das hieß, wir erledigten solche Dinge, die zwar getan werden mußten, aber eben dann, wenn sie nicht von toller Landschaft oder sonstigen wichtigen Ereignissen wie Brückenbesichtigung oder Landgang ablenkten; dazu gehörte es Postkarten zu schreiben, zu duschen oder Haare zu waschen oder dergleichen mehr.

Nach dem Abendessen, es gab Steak und hinterher noch warmen Apfelkuchen (so etwas wunderbares, wie diesen Apfelkuchen hatte ich ja selten gegessen), erreichten wir um 20.30 Uhr Rørvik. Dort war (wieder eigens für uns) eine Museumsführung im dortigen Küstenmuseum arrangiert worden. Wir wurden am Kai schon von einer jungen Dame erwartet und zum Museum begleitet. Es war wirklich

ein lohnenswertes kleines Museum, mit einer Sammlung von dama-
ligen Alltagsgegenständen. Vom alten Kaufmannsladen, mit allem
was man so brauchte, über ein altes Klassenzimmer, bis hin zur
guten Stube fand man alles, was man zu wissen wünschte (10:- NKr
Eintritt). Sie sollten sich das wirklich einmal ansehen!

Aber ich war im Gewissenskonflikt, denn unten im Hafen lag
direkt neben der "Nordstjernen" die "Kong Olav". Sie fuhr schon
um 21.15 Uhr wieder ab und ich wollte doch unbedingt an Bord
und einen Blick (und natürlich auch ein paar Fotos) von diesem
anderen traditionellen Schiff erhaschen. Vielleicht war dort auch
das eine oder andere Hurtigrutensouvenir zu bekommen, das mir
noch fehlte. Und tatsächlich, es gab Postkarten, Kugelschreiber mit
"Kong Olav", Anstecker, Ersttagsbriefe und Tassen mit dem Auf-
druck "100 år Hurtigruta". Die mußte ich haben! Die Dame in der
dortigen Kafeteria suchte und suchte, derweil raste die Uhr weiter
und weiter, und sie suchte und suchte. Es war schon 21.10 Uhr!!! Sie
suchte noch immer. Nein, sorry, meinte sie, die Tassen und Anstecker
seien ausverkauft und das Ausstellungsstück könne ich leider nicht
haben - 21.12 Uhr!!! Na ja, dann zahle ich eben den Rest, sagte ich
ihr - 21.14 Uhr - und rannte dann von Bord - 21.15 Uhr. Ich hatte es
gerade noch geschafft um von außerhalb der "Kong Olav" ihr
Ablegemanöver zu filmen.

Puuh! - da wäre ich doch fast wieder unfreiwillig auf Nordkurs
gegangen. Das nächste Mal würde ich es umgekehrt machen, erst im
Hafen auf das Schwesterschiff gehen, und dann das Museum besu-
chen, denn die "Nordstjernen" legte erst um 21.30 Uhr wieder ab. Ich
hätte also eine Viertelstunde mehr Zeit gehabt; bloß leider kannte ich
ja vorher den Weg zum Museum nicht, konnte also nicht nachkom-

men, sondern mußte zuerst mit der Gruppe mit zum Museum und konnte dann erst zurück zum Hafen (damit Ihnen die Wahl bleibt, hoffe ich, daß Sie sich mit dieser kleinen Skizze zurechtfinden können).

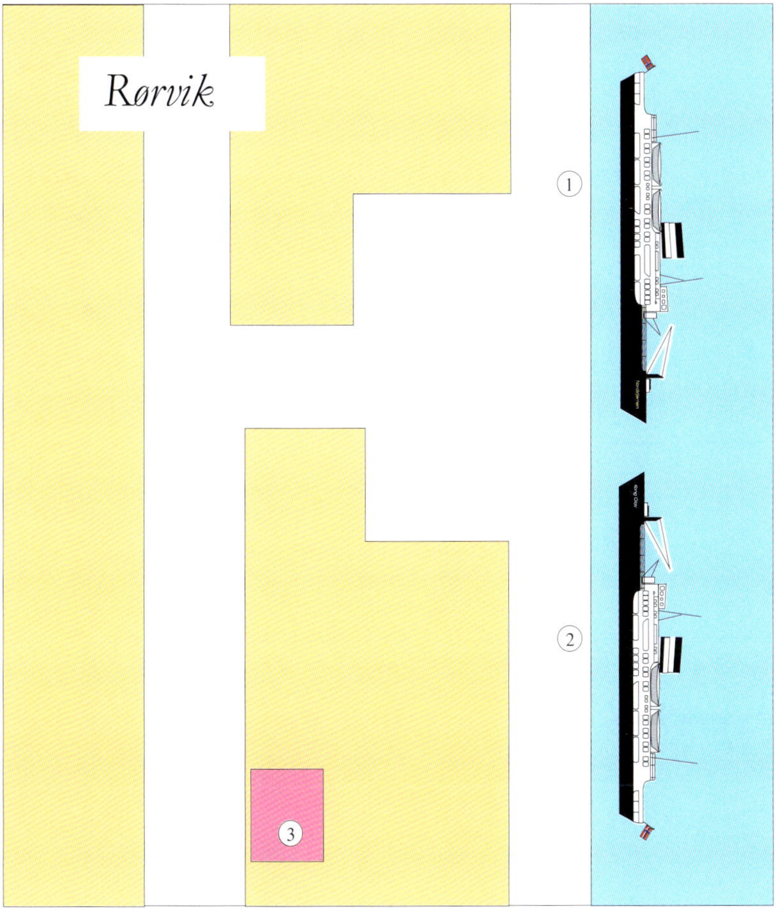

Rørvik

① Hurtigrute Sydgåend
② Hurtigrute Nordgåend
③ Küstenmuseum

MS. "NORDSTJERNEN".
SYDGÅENDE.
ABFAHRT - AVGANG
21 30

 Info "Kong Olav":

Reederei:	OVDS
Baujahr:	1964, umgebaut 1986
Länge:	86 Meter
Tonnage:	2605 BRT
224 Betten	

Nachfolgerin der alten "Sanct Svithun" (2095 BRT, 1950 - 1962)

Hinter Rørvik hatten wir wieder acht Stunden offene Seestrecke vor uns. Sie wissen was jetzt kommt - richtig: Kojendienst und eventuellen Seegang möglichst verschlafen!

 Was gab es heute zu sehen:

Bodø	1.00 - 4.00 Uhr
Ørnes	6.55 - 7.15 Uhr
	⌘ Polarkreis auf Hestmannøy
Nesna	10.55 - 11.00 Uhr
Sandnessjøen	12.10 - 13.00 Uhr
	⌘ Syv Søstre (in Fahrtrichtung linke Seite)
Brønnøysund	15.40 - 17.00 Uhr
	⌘ Torghatten
Rørvik	20.20 - 21.30 Uhr mit ⌘ Küstenmuseum

11. SEEREISETAG: SONNTAG, DER 3. APRIL

Morgens um 6.00 Uhr war Ankunft in Trondheim (Info siehe Seite 40), mit Aufenthalt bis 10.00 Uhr.

Vor 8.00 Uhr waren wir jedoch nicht aus den Federn gekommen, sodaß sich zeitlich keine Tour mehr in die Stadt anbot. Statt dessen besuchten wir das nordgående Schwesterschiff am Nachbarkai (cirka 10 Minuten Gehzeit). Es war die "Richard With", die wir auf unserem Nordkurs bereits in Skjervøy getroffen hatten. Neugierig, aber vorerst noch skeptisch, betraten wir das riesige, neue Schiff. Für Karibikkreuzfahrtmaßstäbe war es wahrscheinlich nicht so riesig, aber für hiesige Verhältnisse schon, ist es doch - ich schätze mal - dreimal so groß, wie die traditionellen Schiffe.

   Info "Richard With":

Reederei: OVDS
Baujahr: 1993
Länge: 120 Meter
Tonnage: über 11 000 BRT
480 Betten, 691 Passagiere
Nachfolgerin der alten "Finnmarken" (2189 BRT, 1956 - 1993)

Über eine große Ladeluke extra für Passagiere kamen wir in die Rezeptionshalle. Von der "Nordstjernen" kannten wir eine einfache, praktische, meist hölzerne oder metallene Gangway, die in jedem Hafen bereitlag und einfach - hopp - am Schiff eingehängt wurde. Diese Gangway führte zu einem kleinen Bilettkontor, wo jeder Gast sofort seinen Ansprechpartner fand. Bereits an diesem Punkt fühlte man sich bei den traditionellen Schiffen am Anfang einer Seereise. Bei den neuen großen Schiffen vermittelte die Ladeluke eher den Eindruck, als ob man auf der ausgerollten Zunge eines Drachen sein Inneres betreten, als ob man verschluckt werden würde. In der Rezeptionshalle fühlte ich mich wie zuhause in meiner Bank, nur feudaler. Auf der "Nordstjernen" hingegen waren wir sofort ein Bestandteil des Schiffes und der Atmosphäre geworden. Hier auf der "Richard With" standen wir nun ein wenig verloren herum, fanden uns nicht zurecht, warteten auf den Fahrstuhl und in all dieser Größe fiel es niemandem auf, daß wir gar nicht auf dieses Schiff gehörten. Ein letzter Blick auf die Riesen-Kafeteria, den riesigen Speisesaal und den Souvenirsupermarkt und wir verließen diesen Luxus-Küstenliner.

Zurück - daheim - auf unserer kleinen "Nordstjernen" wartete man schon sicher auf uns, würde uns vielleicht gar vermissen.

Und richtig, auf der "Nordstjernen" hatte man sich schon gefragt, warum wir denn nicht zum Frühstück kämen, ob uns vielleicht nicht wohl wäre oder ob man uns helfen könnte.

Die neuen großen Schiffe der Hurtigrute sind tolle Schiffe, das ist schon wahr und sie werden nötig werden, wenn im Jahre 2001 die staatliche Unterstützung der Hurtigrute aufhört und alle Kosten von den Reedereien selbst getragen werden müssen, denn dieser Fahrplan mit den vielen Häfen, die hohe Frequenz der Schiffe und das Fahren bei (nahezu) jedem Wetter ("bei Orkan warten wir schon mal ein bis zwei Stunden") kosten natürlich einen sehr hohen Unterhalt.

Aber wenn nach und nach alle traditionellen Schiffe außer Dienst gestellt werden würden, dann würde die Hurtigrute ihre Ein-

maligkeit in der Atmosphäre, ihre Bedeutung und ihre Seele verlie-
ren. Wäre es nicht zu wünschen, daß die Hälfte der Flotte mit den
alten, traditionellen Schiffen erhalten bliebe, um die Optik, die
Abenteuerlichkeit und die Identität dieses Unternehmens, dieser
Institution zu wahren? Schließlich kann sich ja dann jeder selbst
aussuchen, ob er mit einem neuen, luxuriösen oder mit einem
abenteuerlichen, traditionellen Schiff fahren möchte. Ohne diese
Auswahl und ohne die traditionellen Schiffe würde meiner Meinung
nach ein Teil dieser Institution fehlen.

Zurück auf unserer "Nordstjernen" fühlten wir uns jedenfalls gebor-
gen und dampften fröhlich um 10.00 Uhr aus dem Trondheimer
Hafen wieder an der Insel Munkholmen vorbei in Richtung Süden. Es
waren nicht viele Menschen zum Kai gekommen, aber bei denjeni-
gen, die da waren, merkte man schon ein wenig Traurigkeit, denn
nach Trondheim würde die "Nordstjernen" wohl nicht mehr
kommen. Fast traue ich mich nicht es so oft zu wiederholen, aber in
der Tat hatten wir schon wieder traumhaftes Wetter.

Wir wollten heute schon Koffer packen, um morgen für den großen
Abschied Zeit zu haben, aber daraus wurde nichts. Immer wieder gab
es neue Themen für Gespräche und auch unsere gemeinsamen Essen
mußten wir noch genießen. Nicht zu vergessen, daß wir Adressen
austauschten, um die versprochenen Bilder, Videos oder Zeitungs-
berichte zu verschicken, oder geschickt zu bekommen. Natürlich
berieten wir auch über Höhe und Art der Übergabe des Trinkgelds an
die Crew. Am Spätnachmittag waren wir in Kristiansund (Info siehe
Seite 39), da wollten wir unbedingt eine Zeitung besorgen und einen
Original-Pølser und ein Original-Softis essen, beides auf seine Art

▲   Vor Anker in Trondheim

Glitzern im Schatzkästlein der Natur   ▼

▲   Auf dem "Postschiff"

Im Meer der Zeit   ▼

irgendwie einzigartig. *Aber leider reichte uns die Zeit nicht mehr, denn auf diese Idee waren auch viele Einheimische gekommen und so war die einzig verfügbare Gatukøkken (=Straßenimbiß) im Hafen dicht umringt und mein Anstehen hätte wohl erst nach dem Ablegen unseres Schiffes zum Erfolg geführt; so gingen wir an Bord und hofften, in der Kafeteria ungesehen einen Pølser (= Würstchen) essen zu können.Die anderen durften uns dabei aber nicht erwischen, denn in zwei Stunden würde es wieder das Drei-Gänge-Abendessen geben und man würde uns wohl - natürlich vollkommen zu Unrecht - für verfressen halten.*

So genossen wir heimlich, aber eilends zwei Pølser mit Pommes (heißen hier Chips) und Salat. Noch ehe wir zum nächsten Fototermin abgeholt wurden, waren wir fertig und hatten alle verräterischen Spuren, wie die Ketchupflasche, die leeren Teller und Servietten entfernt. Es stand die Begegnung mit der "Harald Jarl" an. Schon gespannt warteten wir oben auf der Brücke - und da plötzlich zeichnete sie sich ab. Vor der Silhouette der schneebedeckten Berge in der Spätnachmittagssonne kam ein Schiff auf uns zu. Die "Harald Jarl" war auch ein Schiff wie wir, eines von den traditionellen Schiffen, und so sah sie in dieser Kulisse besonders schön aus, sie paßte einfach hierher.

Schnell kam die "Harald Jarl" näher, und wir sahen, daß wohl alle an Deck stehen mußten, denn überall vom anderen Schiff winkte und jubelte es uns zu. Manche schwangen große Fahnen, andere Bettlaken, eben alles, was da war, um die "Nordstjernen" zu grüßen. - Und dann das obligatorische Hupen, jeder dreimal, da wurde ich mir des Abschiedsschmerzes so richtig bewußt, fing an zu weinen und heftig zu winken, was natürlich meinen Videoaufnahmen gar nicht bekam. "Ein wenig" würden sie wohl verwackelt sein. Aber was soll´s, schließlich zählte der Augenblick und ich hatte bereits viele andere Motive auf meinen Filmen eingefangen.

 Info "Harald Jarl":

Reederei: TFDS
Baujahr: 1960, umgebaut 1985
Länge: 86 Meter
Tonnage: 2568 BRT
225 Betten, 600 Passagiere
Nachfolgerin der alten "Sigurd Jarl" (2335 BRT, 1942 - 1960)

Der Tag verging mit traumhaften Bildern vom glitzernden Wasser in der Sonne, vom weiten Blick über das Meer und einem traumhaft schönen Sonnenuntergang während des Abendessens. Zum Essen kam ich nur gesellschaftlich, denn Pølser, Seegang und Abschieds-schmerz waren für mich heute genug, noch dazu stand ein von mir höchst ungeliebtes Essen, nämlich Hammel, auf der Karte. So konnte ich mich denn immer wieder der Fotografie widmen. Am Abend saßen wir noch lange zusammen und jeder dachte wohl daran, daß dies unser letzter gemeinsamer Abend an Bord der "Nordstjernen" sein würde. - Aber hatte ich da draußen nicht gerade einen hellen Schein gesehen? Na ja, ich sah lieber mal nach, dachte ich mir, nicht, daß man noch ein Nordlicht verpaßte. Und tatsächlich, als ich draußen war und mir ein etwas dunkleres Eck gesucht hatte, war ich mir sicher: Nordlicht! Nur recht schwach als Streifen am Himmel, aber ganz sicher Nordlicht. Noch mußte ich es gegen die anderen verteidigen, die es für eine Wolke oder gar für den Rauch aus unserem

▲   Auf dem Weg nach Molde

Viele Grüße - "Harald Jarl"   ▼

Schornstein hielten, aber für mich stand es schon fest. An unserem letzten Abend mußte es einfach Nordlicht sein. So blieben wir an Deck, dick in unsere Jacken und Handschuhe eingemummelt und beobachteten die Entwicklungen am Himmel. Da, - auf einmal ein Streifen senkrecht vom Himmel, als ob von dort oben jemand Milch auf die Erde herab ausgegossen hätte. Und da, an einer anderen Stelle, ein fast hellgrüner Vorhang, durch den der Wind ging und den Vorhang wellenförmig bewegte. Das Licht wurde immer intensiver, die Nordlichtschauspiele und die einzelnen Figuren immer größer. Alles steigerte sich und spitzte sich auf den Höhepunkt zu. - Romms!

Da schaltete jemand droben am Himmel das Flutlicht ein und bei mir kleinem Zwerg auf dem Deck meines Zwergenschiffes wurde es taghell, wirklich taghell, so hell, daß ich die Maserung der hölzernen Decksplanken erkennen konnte. Dieses stärkste aller Polarlichter, das ich je gesehen hatte, kam aus einer Spirale vom Himmel. Und plötzlich fühlte ich mich wieder so klein, so unscheinbar und so unbedeutend. Es war ein einmaliges, unvergeßliches, ich möchte fast sagen, ein meine Lebensphilosophie beeinflussendes Erlebnis.

 Info Nordlicht:

Das **Nordlicht**, mit wissenschaftlichem Namen aurora borealis ist eine atemberaubende Erscheinung, die nur am Nordhimmel und am Südhimmel (dort heißt es aurora australis) zu sehen ist. Bereits seit dem 17. Jahrhundert erforscht man dieses Lichtphänomen. Es kommt dadurch zustande, daß die Sonne Partikel abgibt (sogenannte Sonnenwinde), die an den Polkappen in die Erdatmosphäre eindringen. Wenn diese Sonnenpartikel mit Gaspartikeln der Erde zusammenstoßen, dann wird Energie freigesetzt, die wir als Licht sehen können. Die unterschiedlichen Farben gehen auf verschiedene Energiemengen und Gasdichten zurück. Das Nordlicht spielt sich meist in einer Höhe von 150 bis 200 km ab, beginnt häufig schon am Nachmittag als schwacher Schein ohne viel Bewegung, um sich in Intensität und Aktivität zum Abend hin zu steigern. Am **häufigsten** ist es zur magnetischen Mitternacht, das heißt **zwischen 18.00 Uhr und 22.00 Uhr.** Dann sehen Sie bei klarem Nachthimmel Bögen und kräftige Strahlen, die zum Schluß in einen grünlichen Schleier auslaufen. (Zur Zeit der Mitternachtssonne ist es leider für dieses Schauspiel viel zu hell und so hat jede Jahreszeit ihre eigene beeindruckende Lichtszenerie!)

Nicht ganz zehn Minuten dauerte dieses helle Spirallicht, dann wurde es schwächer und die "gewöhnlichen" Nordlichtformen dominierten am Himmel. Es folgte ein schwach leuchtendes, aber heftig und schnell pulsierendes Licht über das ganze Firmament. So um Mitternacht verblaßten die Erscheinungen, wir waren inzwischen bis auf die Knochen durchgefroren und die Bewölkung nahm gottlob zu, so daß wir bedenkenlos ins Bett gehen konnten, ohne das Gefühl zu haben, wir hätten etwas verpaßt. Als dann, Gute Nacht allerseits!

Was gab es heute zu sehen:

Trondheim	6.30 - 10.00 Uhr
Kristiansund	16.35 - 17.00 Uhr
Molde	20.30 - 21.15 Uhr
Ålesund	23.45 - 0.45 Uhr

12. Seereisetag: Montag, der 4. April

In dieser Nacht hatte ich wirklich um das Schiff und damit um unsere Urlaubsstimmung gezittert. Es war eine derart rauhe See, daß ich befürchtet hatte, sie würde unsere gute alte "Nordstjernen" mitten entzwei brechen. Die See versetzte uns harte Schläge und kurze Stöße und ich konzentrierte mich darauf, nicht aus dem Bett zu purzeln. Ich versuchte, mich mit meiner Schlafposition (meistens eher einer Wachposition) der stabilen Seitenlage anzunähern, um nicht hin- und herzurollen. Zeitweilig fühlte es sich an, als ob das Schiff aus dem Wasser herausgehoben werden würde, um dann von oben herab auf die harten Wellenkämme wieder aufzutreffen. Es drängte sich mir das Bild auf, wie jemand ein Holzbrett mit Wucht über dem Knie zerbricht. Hätte ich nicht vollstes Vertrauen in die "Nordstjernen" und ihre erfahrene Besatzung gehabt, dann hätte ich schon mal über einen Anflug von Angst nachgedacht. So allerdings war mir nur etwas angespannt zumute. - Und da plötzlich, ein heftiger Rumms. Wie auf Kommando hatten Stefan und ich sofort unsere Lampen über dem Bett angemacht und erblickten die Bescherung. Unsere sämtlichen Sachen, die wir ordentlich auf dem Tisch und den Stühlen deponiert hatten, waren nun über dem Kabinenboden verteilt. Einer der Schaukelschläge war eben so stark gewesen, daß er trotz der Umrandung um den Tisch alles abgeräumt hatte. Inclusive unseres Fotoapparates und der Videokamera murmelte nun alles auf dem Fußboden herum. Hoffentlich hatten Linsen und Objektiv diesen Sturz überlebt. Aber im Moment konnten wir das nicht klären, denn keiner von uns traute sich aus seinem Bett heraus. Hier im Bett war man im Moment am Sichersten aufgeräumt.

Dann kam der Morgen. Die See hatte sich zwar beruhigt, aber von glattem Meer war noch lange keine Rede. Tja, hier war eben wieder Atlantik und der machte seinem Ruf, den er bei mir zumindest hatte, keine Schande.

Unter diesen Bedingungen war mir nicht gerade nach Frühstück zumute. Zum Seegang kam hinzu, daß mich das regnerische Wetter draußen deprimierte. Die Wolken hingen tief und es regnete und vor allem der immer heftiger werdende Abschiedsschmerz machte mir zu schaffen. Heute würden wir uns trennen müssen, die gute alte "Nordstjernen" und ich. Ich fragte mich, was die "Nordstjernen" wohl dachte, ob sie traurig war, diese Route nicht mehr zu befahren, oder ob sie sich vielleicht freute auf die Fahrt nach Svalbard und vorher die Schönheitspflege in der Werft von Ålesund, wo sie jetzt erst einmal hin sollte, oder ob sie sich fürchtete vor ihrer ungewissen Zukunft. All das ging mir durch den Kopf. Ich sprach meine Gedanken jedoch nicht laut aus, denn die anderen hätten mich für diese "philosophischen" Betrachtungen sicher nur ausgelacht. Für mich aber hatte dieses alte Schiff, das schon so viel erlebt und so viel gesehen hatte, eine Seele. Und war diese Seele nicht auch gerade immer wieder von meinen Mitreisenden und sogar von der Besatzung gepriesen und geschätzt worden! Doch, ich machte mir diese Gedanken zu recht, aber ich fand keine Antwort, und das machte mich noch trauriger. Ich fühlte mich hilflos. Am liebsten hätte ich in Bergen die "Nordstjernen" unter den Arm geklemmt und sie mit nach Hause genommen und ihr ein gemütliches Altenteil gegönnt, aber dafür war meine Badewanne wohl leider doch zu klein. Schade!

▲   Im Grauen Reich von Bergen

Die "Norlys" wartet   ▼

Oh weh, aber besser war mir immer noch nicht, obwohl ich sogar noch zu meiner letzten norwegischen Reisekrankheitstablette gegriffen hatte. Während die anderen frühstückten, war der Kapitän kurz da und sagte uns, daß gleich zwei Live-Interviews mit ihm im Radio kämen. Wir hörten natürlich andächtig zu, verstanden aber leider nicht alles, besser gesagt nicht viel. Leider! War eben nichts geworden mit meinem heimischen Sprachkurs. Jetzt hätte ich es besonders gebraucht und ärgerte mich sehr, die Sprache nicht besser verstehen zu können.

Das Einpacken unserer Sachen in der Kabine ging relativ schnell, wir hatten alles ganz gut aufgeteilt und so konnten wir unsere Schätze und Gebrauchsgegenstände in den Koffern verstauen, auch wenn wir dazu die Hartschalenkoffer zwischen den Knien einklemmen und fest zudrücken mußten, damit die Schlösser ihr Gegenüber fanden. Wenn sich Hartschalenkoffer ausbeulen können, dann haben unsere das sicher getan, denn schließlich hatten wir bestimmt alleine 30 Zeitungen dabei, um diese zu Hause nach Artikeln über die Hurtigrute zu durchsuchen, und mindestens, wenn nicht noch mehr, Bücher über Norwegen, über die Küste und über die Hurtigrute (eine Literaturliste finden Sie am Ende). Aber wie gesagt, es ging alles rein und das auch noch recht zügig, so daß wir sehr bald wieder im Salon sein konnten, wo auch schon das nächste Ereignis auf uns in Form eines Reporters vom "Firdaposten" wartete. Er wollte mit Passagieren sprechen und da fiel die Wahl auf uns. Wir fühlten uns natürlich in Anbetracht dessen, daß wir in die Zeitung kommen sollten, sehr geschmeichelt. Wir gaben nach bestem Wissen Auskunft und ließen unserer Begeisterung über die "Nordstjernen" und über diese herrliche Reise freien Lauf. Zum Abschluß des Gespräches sollte noch ein Foto entstehen, zu dem plötzlich der Kapitän auftauchte und damit unser gemeinsames Foto noch abrundete.

Aber dann hieß es auch schon wieder: klar machen zum Fototermin an Deck, denn es war inzwischen schon nach Mittag und wir sollten die Nachfolgerin der "Nordstjernen", die "Nordlys", treffen.

 Info "Nordlys":

Reederei: TFDS
Baujahr: 1994
Länge: 120 Meter
Tonnage: über 11 000 BRT
480 Betten, 691 Passagiere
Nachfolgerin der "Nordstjernen" (2295 BRT, 1956 bis - hoffentlich noch lange !!)

Die "Nordlys" ist eines der ganz neuen, ganz großen Schiffe, wie die "Richard With", die in Trondheim vor Anker lag. Und weil sie so groß war, sahen wir sie auch schon von Weitem, wie sie uns im Fjord entgegenkam, dann drehte und auf uns wartete. Sobald wir auf ihrer Höhe waren, grüßte uns die "Nordlys" und alle winkten an Bord und jubelten der "Nordstjernen" zu. Für diesen Anlaß hatte unsere "Nordstjernen" ihr schönstes Kleid angelegt, was heißen soll, daß sie über alle Masten beflaggt war und auch die "Nordlys" hatte sich fein gemacht für diesen Tag. Lauter bunte Fähnchen flatterten im heftigen Wind und machten das Grau in Grau des Regens ein wenig farbenfroher.

Die letzten Meter
bis in den Hafen
von Bergen

▲   Ein Abend mit Freunden

Abschied im Schnee   ▼

Als wir an der "Nordlys" vorbei waren, schwenkte sie auf unseren Kurs ein und fuhr hinter der "Nordstjernen" her. Tränen überkamen mich. Da war sie schon, die Ablösung für die "Nordstjernen" und keiner konnte den Wechsel mehr aufhalten. Gut eine halbe Stunde dampften wir so hintereinander her. Vorneweg wir auf unserer kleinen "Nordstjernen" (2 500 BRT) und dahinter die mehr als viermal so große "Nordlys" (11 200 BRT). Und dann kamen wir kurz nach 14.00 Uhr nach Bergen hinein. Kleine Boote gesellten sich zu uns und eskortierten uns. Dazu kam noch ein Feuerschiff, das hohe Wasserfontänen zu diesem ehrenvollen Anlaß ausstieß. Am Kai, der bald in Sicht kam, hatten sich viele Leute und eine lange Schlange Autos eingefunden. Der Kai war voll, obwohl es nicht wenig Schnee regnete. Ja, in der Tat "regnete", denn an dieser Stelle sei bemerkt, daß es nirgendwo so nassen Schnee gibt, wie in Bergen, aber davon noch später.- Die "Nordstjernen" legte zuerst an und ließ zum letzten Mal für diese Fahrt ihre Hupe ertönen: lang, lang, kurz, lang, - so wie sie es in jedem Hafen auf der Südroute getan hatte.

Ich filmte wie unter Zwang, ich wollte alles einfangen und unvergeßlich machen, wollte den Augenblick und vor allem die "Nordstjernen" festhalten und nicht loslassen. Ich war deprimiert und schon fast verzweifelt, sollten wir uns nun wohl für immer trennen. Nennen sie mich sentimental und überzogen, aber von Kindesbeinen an hing ich nun mal an diesem Schiff.

Hinter uns, riesengroß, legte die "Nordlys" an. Obwohl wir nur Minuten früher angelegt hatten, waren wir schon fest vertaut, hatten die Gangway eingehängt bekommen, die meisten Leute waren schon von Bord und am Bug des Schiffes war man wie immer mit Entladen beschäftigt.

Auf der "Nordlys" hingegen wartete man noch immer darauf, daß sich die hydraulische Gangway-Tür mit integrierter Treppe wohl endlich öffnen möge. Ich erzählte doch schon von der Vorstellung der Sardine in der Luxusbüchse, oder?

Unserer netten Dame vom Service, Tine, blieb also nur übrig, vom hinteren Deck der "Nordstjernen" ein paar Stockwerke höher hinauf ihren Bekannten und Kollegen auf der "Nordlys" zuzuwinken. Auf die "Nordlys" rauf oder von ihr runter war eben noch nicht möglich. Langsam waren alle von Bord der "Nordstjernen" verschwunden. Stille trat ein. Wir machten noch einen wehmütigen Gang durch das leere, ruhige Schiff. Wir versuchten ein letztes Mal Ruhe und innere Ausgeglichenheit für die kommenden Monate des Alltags zu tanken. Hatten wir auch nichts vergessen zu fotografieren? Wir saugten noch einmal den Geruch, den Anblick und die Geborgenheit der "Nord-stjernen" in uns auf. In Gedanken wünschten wir ihr alles Gute und verließen schweigend das Schiff. Ich hoffe, ich werde immer das Gefühl in Erinnerung behalten, wie schön sich das geschnitzte Geländer angefaßt und wieviel Sicherheit es mir trotz Seegang oder vielmehr gerade bei Seegang immer wieder vermittelt hat.

Ich ging über die Gangway, wie dutzende Male zuvor, hörte die Schritte auf dem Metall und kämpfte wieder mal mit meinen Tränen. Ich sah mich nicht um. Erst als wir etliche Meter weg waren, da drehte ich mich um und sah die "Nordstjernen" schöner als am ersten Tag dastehen, über alle Toppen geflaggt, stolz und prächtig. Ich empfand Bewunderung, Respekt und Liebe für dieses Schiff und das würde sich wohl auch nie ändern.

Wir gingen weiter zur "Nordlys". Inzwischen hatte sich der Sardinendeckel geöffnet und die Gangway-Tür lud uns ein, uns zu verschlucken. Wir gingen die Treppe hoch und betraten eine andere Welt. Luxuriös, feudal, elegant - groß!!!

Einen kleinen Eindruck von den neuen Schiffen hatten wir ja in Trondheim auf der "Richard With" schon bekommen, aber wir sahen uns alles noch einmal an. Die drei neuen Schiffe sind fast baugleich, aber sie unterscheiden sich ein wenig in der Innenausstattung. Die "Nordlys" hatte ein wenig mehr der Hurtigruten-Atmosphäre: so fand sich zum Beispiel in der Kafeteria eine Sammlung von Bildern und Zeichnungen von Nordlicht, an der Decke der Kafeteria ein beleuchtetes Mosaik mit der Flagge der Reederei von "Nordstjernen" und "Nordlys", der TFDS. In der Bar stand ein großer Globus, dessen Intensität der Innenbeleuchtung durch Berührung verändert werden konnte. Wenigstens war hier nicht alles so glatt und gerade, auch wenn es natürlich von dem Flair eines alten, kleinen, nostalgischen Postschiffes "see-meilenweit" entfernt war. Die "Nordlys" ist eben ein schönes, schwimmendes Hotel mit Ausblick, das kann ich uneingeschränkt sagen.

Wir probierten gleich mal die Kafeteria aus. Brote und Getränke waren gut. Ein Blick in die Kabinen sagte: neu, modern, große Fenster. Der Fahrstuhl brachte uns zum schiffseigene Souvenirshop (auf der "Nordstjernen" ging das alles mit über die Kafeteriatheke), allerdings hatte er noch geschlossen.

Wir saßen lange in der Kafeteria. Tine, der Oberstewart, der erste Koch, Monicka, der Overstyrman, alle kamen auf ihrer Besichtigungstour an uns vorbei. Nur der Maschinenchef war nicht da, er *sagte später zu uns: Nein, er war nicht drüben, er kenne die Neuen schon. Am Vormittag um 10.00 Uhr waren wir ja noch bei ihm im Maschinenraum gewesen. Mit Ohrenschützern stiegen wir da in das Herz der "Nordstjernen". Bezeichnete der Kapitän die Brücke als das Gehirn des Schiffes, so waren wir im Maschinenraum wohl im Herzen.*

Hier stampften und pulsierten die Maschinen, von hier kam die Energie, der Antrieb (wegen des heftigen Seegangs hatten wir Zeit verloren und so liefen die Maschinen auf vollen Touren, man wollte doch ausgerechnet heute nicht zu spät in Bergen eintreffen).

Obwohl ich mit den vielen Teilen, Vorgängen, Beschreibungen und Erklärungen nicht viel anfangen konnte, war ich sehr froh, hier gewesen zu sein. Diesen Teil des Schiffes kannte ich vorher nicht und nun freute ich mich, auch in dieses Geheimnis eingeweiht worden zu sein.

Nachdem wir uns auf der "Nordlys" umgesehen hatten, wollten wir unser Gepäck zum Hotel und Stephan das seine zum Bahnhof bringen, um dann gemeinsam zum Kai zurückzukehren. Wir beeilten uns und nahmen zusammen ein Taxi, so würden wir am schnellsten wieder hier sein. Stephan wollte am Abend den Nachtzug über die Vogelflug-Linie nach Hause nehmen und wir hatten der Gemütlichkeit halber über NSA ein Hotel buchen lassen. Es war das Hotel "Neptun" - wohl passend zu unserer Seereise gewählt. Für das Taxi zahlten wir vom Hotel zurück zum Kai 60:- NKr. Um 18.30 Uhr waren wir wieder zurück. Stefan und ich gingen wieder an Bord der "Nordstjernen", denn ich mußte noch unbedingt die angeleinten Sessel und den geflochtenen Lederbezug an den Säulen im Speisesaal und in der Kafeteria fotografieren, damit auch dieses Detail in meinem Gedächtnis festgehalten werden würde.

Stephan, unseren neuen Freund, ließ der Gedanke hingegen nicht los, von der Brücke, die hier über den Meeresarm ging, ein Foto herunter auf "Nordstjernen" und "Nordlys" zu machen. Und obwohl es heftig schneite, nahm er diesen Weg auf sich. Da wir so dicht wie möglich am Geschehen bleiben wollten, hatten wir uns für 19.00 Uhr im Restaurant auf der "Nordlys" zum Abendbuffet verabredet. Dort trafen wir alte Bekannte wieder: Lars-Petter, die zwei netten, norwegischen, älteren Herren, von denen der eine lange Jahre in der Schiffahrt tätig war, und sogar unser Kapitän war da. So aßen wir also auch hier wieder gemeinsam, so, wie wir es von der "Nordstjernen" gewohnt waren. Lars-Petter und die zwei norwegischen Herren hatten die "Nordstjernen" begleitet und wollten nun mit der "Nordlys" zurück nach Hause fahren. Das war keine schlechte Idee, so konnten sie das Fahrgefühl auf den so unterschiedlichen Schiffen direkt miteinander vergleichen.

Das Essen hier war gut, obgleich es "kontinental" zu sein schien, auf der "Nordstjernen" war es hingegen aber eher echt norwegisch gewesen. Natürlich konnten wir uns aber von diesem einen Essen noch kein umfassendes Bild machen. Unser gemeinsames Abendessen war fröhlich, wie dies eben mit guten alten Freunden (wir kannten uns ja schließlich schon 11 Tage!) immer so ist, aber dennoch merkte man ein wenig Wehmütigkeit und Abschiedsschmerz. Wir saßen dort, bis das Buffet um 21.30 Uhr abgeräumt wurde und das Restaurant geschlossen werden sollte. Fast hätten sie uns mit unseren Stühlen raustragen müssen. Nur noch eine halbe Stunde, dann legte die "Nordlys" zu ihrer Jungfernfahrt für die Hurtigrute mit Kurs Nord ab.

Hinter der "Nordlys" würde dann unsere "Nordstjernen" die Fahrt nach Ålesund in die Werft antreten.

Draußen schneite es inzwischen heftigst und wir durften uns auf der "Nordstjernen" unterstellen. Nocheinmal war sie also Zuflucht und Ort der Geborgenheit für mich. Pünktlich um 22.00 Uhr legte die "Nordlys" ab und ein dunkles Hupen tönte durch die Nacht. Ein Offizier der "Nordstjernen" erzählte uns, daß dies eigentlich das alte Horn der "Nordstjernen" war, ein Drei-Klang-Horn, das, so sagte er, das schönste entlang der ganzen Küste sei. Doch leider benützte die "Nordlys" diesen Drei-Klang zusammen mit der gewöhnlichen Hupe, woraufhin nur ein lautes, dumpfes, nicht gerade anmutig klingendes Signalhorn zu hören war.

In dem dichten Schneetreiben war die "Nordlys" trotz ihrer Lichter bald nur noch schemenhaft zu sehen.

Tja, und nun war die Zeit des Abschieds wohl endgültig gekommen. Stephan mußte inzwischen zum Zug, denn es war schon 22.30 Uhr geworden. So standen wir nun ganz alleine am Kai. Die "Nordstjernen" ließ die Diesel an, der Offizier mit dem wir eben noch geredet hatten, ging an Bord, wir verabschiedeten uns und dann wurde die Gangway eingeholt. Und ehe ich mich versah, hatte die "Nordstjernen" abgelegt und glitt wieder einmal lautlos in die dunkle, verschneite Nacht hinaus. Wie als "Auf Wiedersehen" ließ sie noch einmal für uns ihr Hupen ertönen. Wir sahen ihr noch lange nach, obgleich sie schon bald nicht mehr zu erkennen war.

Was gab es heute zu sehen:

Ålesund	23.45 - 0.45 Uhr
Torvik	2.00 - 2.00 Uhr
Måløy	4.55 - 5.15 Uhr
Florø	7.15 - 7.30 Uhr (Norwegens westlichste Stadt)
Bergen	14.00 Uhr

Der Schneefall hatte stark zugenommen, die Kamera und auch wir waren ziemlich heftig eingeschneit. Es war ein nasser, patschiger Schnee, die Schneeflocken so groß wie Handteller. Wo sie einen trafen, war man sofort tiefennaß. Vielleicht war es gut so, denn es lenkte mich ein wenig von meinem Kummer ab und ich dachte "Nur schnell zum Hotel! - Aber wo ging es zum Hotel?".

Sind sie schon einmal bei Nacht kurz vor 23.00 Uhr im strömenden Schneefall in Bergen umhergeirrt und haben ihr Hotel gesucht? Wenn nein, dann haben sie eines der trostlosesten Dinge im Leben bisher verpaßt. Gottlob hatte ich vorhin im Hotel schnell noch einen kleinen Touristenstadtplan (aus dünnem Papier) mitgenommen, der uns jetzt wenigstens die grobe Richtung anzeigte. Ein paar Mal daraufgesehen und er war nur noch der Hauch seiner selbst, denn ein- oder zweimal von diesen Handtellerflocken getroffen, begann er sich bereits aufzulösen. Trotzdem steuerten wir zielstrebig die Markierung Nummer 18 auf diesem Plan an, das war unser Hotel.

Oh nein! Bei Nummer 18 angekommen - endlich, wir waren durchnäßt bis auf die Unterwäsche, die Stiefel waren innen genauso naß wie außen - trauten wir unseren Augen nicht. Das war nicht das heiß ersehnte Hotel "Neptun", sondern Hotel "Norge". Ich hatte mich geirrt, unser Hotel war die Markierung Nummer 8, nicht Nummer 18, und damit wohl noch gute 15 Minuten zu laufen. Ich war verblüfft, daß mich Stefan ob dieser meiner Heldentat nicht lynchen wollte. Nein, er nahm das eher nordisch gelassen. Aber endlich nahte unsere Rettung, - ein Taxi! Wir hatten Scheu, so naß in dieses wunderbar trockene Taxi zu steigen, aber der Taxifahrer sagte, daß wäre schon in Ordnung (offenbar war er es als Bergenser gewöhnt, so nasse Fahrgäste zu transportieren).

Und in wohl noch nicht mal ganz 5 Minuten waren wir in unserem Hotel (diesmal im Richtigen!) angekommen. Wir zahlten, dankten und eilten, soweit das bei unserer fortgeschrittenen Müdigkeit möglich war, auf unser Zimmer. Raus aus den triefenden Klamotten - alles über die Badewanne - und rein ins Bett in Rekordzeit. Das war`s für heute - Gute Nacht.

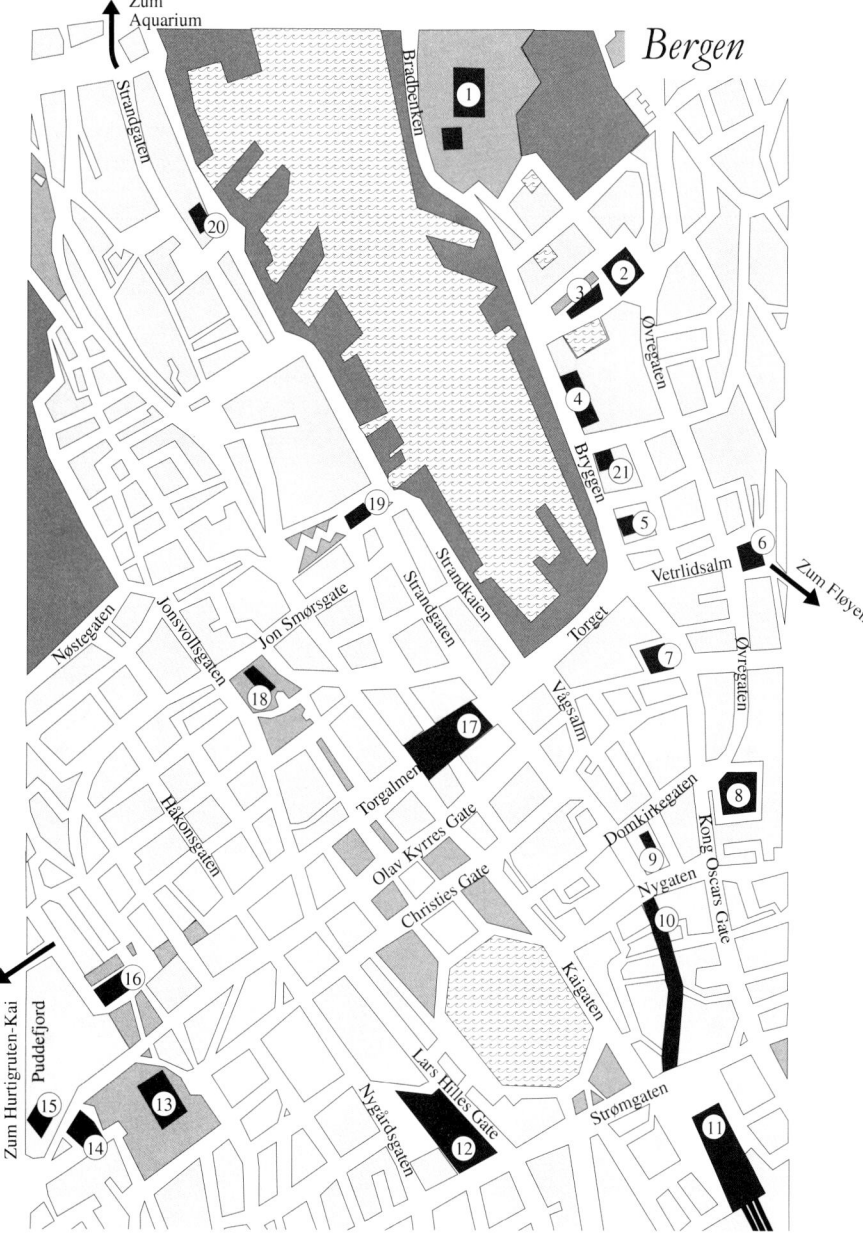

Bergen

Zum Aquarium

Strandgaten

Bradbenken

Øvregaten

Bryggen

Vetrlidsalm.

Zum Fløyen

Torget

Nøstegaten

Jonsvollsgaten

Jon Smørsgate

Strandkaien

Strandgaten

Vågsalm.

Håkonsgaten

Torgalmen.

Olav Kyrres Gate

Christies Gate

Domkirkegaten

Nygaten

Kong Oscars Gate

Zum Hurtigruten-Kai

Puddefjord

Nygårdsgaten

Lars Hilles Gate

Kaigaten

Strømgaten

① Håkonshalle mit Rosenkrantztårnet
② Mariakirken
③ Bryggenmuseet
④ Bryggen
⑤ Hanseatisk Museet
⑥ Funiculare
⑦ Korskirken
⑧ Domkiche
⑨ Polizei
⑩ Einkaufspassage
⑪ Bahnhof
⑫ Grieghallen
⑬ Naturhistorisches Museum
⑭ Historisches Museum
⑮ Sjøfartsmuseet
⑯ Johannes Kirche
⑰ Einkaufspassage
⑱ Theater
⑲ Buekorpsmuseet
⑳ Nykirken
㉑ Turistbyrå

3. Kapitel: Wieder an Land

1. Landtag: Dienstag, der 5. April

Ein neuer Tag, eine neue Idee. Wir hatten heute viel vor in Bergen: Shopping, Sightseeing, Besuch des Hurtigrutenkais um 14.00 Uhr, wenn das Schiff für heute eintrifft, und abends wieder hin, wenn es abfährt. Und das alles mit dem Taxi, fragten wir uns? Oder womöglich wieder ohne Taxi, dafür wieder mit viel Schnee? - Nein danke!

So reifte die Idee einen Leihwagen zu nehmen. Aber das würden wir zum ersten Mal wagen, sozusagen eine Premiere. Vom Hotel "Neptun" aus war man so nett und rief für uns bei "Avis" an. Wir verabredeten, daß uns ein Auto zum Hotel gebracht werden würde. Um 11.00 Uhr war es wie versprochen eingetroffen. Ein kleines, blaues, ganz neues, schickes Auto. Der nette Herr von "Avis" brachte auch gleich zwei Seiten Vertrag mit, fein säuberlich auf norwegisch geschrieben. Nachdem wir ihn selbstverständlich eingehend studiert und kein Wort verstanden hatten, mußten wir gleich viermal unterschreiben (wer weiß, wieviele Staubsauger wir da gekauft haben). Ja, und dann sollten wir unsere Kreditkartennummer nennen. Ah ja!!! "Kreditkarte", so etwas hatten wir nicht, nur Bargeld und Schecks, die wiederum kannte er nicht und so blieb uns als gemeinsame Ebene doch nur Bargeld. Wir mußten also 2500:- NKr bar hinterlegen, als Sicherheit! Ferner hatten wir eine Selbstbeteiligung bei Schaden und Unfall unterschreiben müssen und mußten das Auto in 24 Stunden, also spätestens am nächsten Tag um 11.00 Uhr wieder bei "Avis" ablie-

fern, damit wir den Ein-Tages-Preis für Fahrten unter 100 Kilometer (cirka 630:- NKr) bekamen. Und schwupps, schon hatten wir den Schlüssel. Ganz wohl war mir dabei nicht. Was hatten wir da alles unterschrieben? Mit unseren 2500:- NKr war der nette Herr auch schon weg und ich bangte um Lack und Karosserie des kleinen blauen Autos.

Nachdem sich Stefan mit dem Scheibenwischer (wichtig für Bergen!) und dem Abblendlicht (Pflicht in Norwegen auch bei Tag mit Licht zu fahren) vertraut gemacht hatte, ging es los. Es war ein eigenartiges Gefühl, waren wir jetzt doch Norweger für die anderen, denn mit einem "N" hinten auf dem Auto waren wir ja als Touristen nicht zu identifizieren. Aber davon fanden wir den richtigen Weg noch lange nicht. Trotz Stadtplan ist es nämlich in Bergen nicht so einfach, dorthin zu kommen, wo man hin möchte, denn Einbahnstraßen wurden hier reichlich und offenbar mit der Würfelmethode verteilt. Jedenfalls fuhren wir ungefähr 15 Minuten mit Ziel Innenstadt, um dann wieder am Startpunkt, nämlich an unserem Hotel, vorbeizukommen. - "Jetzt reicht´s!", dachten wir, jetzt fahren wir nach Nase. Das ging wunderbar und ehe wir uns versahen, waren wir auch schon außerhalb von Bergen und raus aus dem gebührenpflichtigen Stadtbereich. Nur Pech, daß wir ja eigentlich zum Zentrum wollten. Also kurz bevor es auf die Autobahn ging, haben wir diesen Irrtum bemerkt und versucht unsere Richtung zu korrigieren. Da wir wieder nach Bergen hinein wollten, mußten wir an der Mautstation 5:- NKr bezahlen. Kaum eine Stunde später waren wir schon im Zentrum angelangt. Zumindest glaubten wir das. Hier waren viele große neue Geschäfte. Super, dachte ich, hier gibt es bestimmt tolle Läden. Aber wo jetzt parken, es war nämlich nirgendwo eine Parkmöglichkeit in Sicht. Ich befürchtete schon, daß wir vor dem Hotel "Neptun" parken und dann herlaufen müßten. Na, das hätte sich dann aber wirklich gelohnt! Schließlich fanden wir dann aber doch noch einen Parkplatz in der Nähe der "Fløyen-Bahn" (auch "Funicular" genannt).

Wir parkten, kontrollierten noch vier Mal, ob unser Mietauto auch wirklich zugeschlossen war und traten dann den Erkundungsgang an. Buchläden, Souvenirshops, Postkartenständer, kurzum was eben so interessant war für uns.

 Info Bergen:

Bergen, als alte, traditionsreiche Hansestadt, gegründet im Jahre 1070, begegnet uns auch heute noch in den alten Stadtteilen mit einem außergewöhnlichen Flair. Alte Häuser und schmale Gassen lassen uns heute noch einen Eindruck früherer Zeiten erahnen. Im Mittelalter stand Bergen in der Blüte seiner Macht, war Zentrum für den Handel und im 12. und 13. Jahrhundert sogar Hauptstadt des Landes. Aus dieser Zeit stammt die **Festung Bergenhus** im Osten der Stadt. Dort finden Sie auch die **Håkonshalle**. Besonders sehenswert sind natürlich die **Bryggen**, die alten Handelshäuser, in denen Sie heute stilvolle Lokale und kleine Geschäfte finden, natürlich aber auch ein Museum, das **Bryggenmuseum**, mit mittelalterlichen Funden aus Ausgrabungen in diesem Gebiet. Die Blütezeit der Hanse dauerte bis zum 16. Jahrhundert an, damals war Bergens Exportschlager der Fisch. Auch heute noch bilden Handel und Schiffahrt die wichtigsten Punkte der Wirtschaft, aber auch die Industrie ist zunehmend im Kommen. So wächst Bergen ständig weiter, vom Meer herauf an den sieben Berghängen empor. 1993 hatte Bergen bereits 210 000 Einwohner. Weitere Sehenswürdigkeiten sind der 320 m hohe **Fløyen**, von dem Sie einen wunderbaren Blick auf die Stadt haben (können, wenn es nicht gerade regnet!) und das **Aquarium** mit einer umfassenden Sammlung norwegischer Süßwasserfische.

Im Nu verging die Zeit bis 13.30 Uhr. Nun mußten wir aber schnell zum Hurtigrutenkai, denn dort wurde um 14.00 Uhr die "Nordnorge", ein traditionelles Schiff der Reederei OVDS, erwartet und bei diesem Einbahnstraßengewirr würden wir dorthin wohl etwas länger brauchen. Aber gut Ding will eben immer Weile haben und schließlich fanden wir hin.

14.00 Uhr und noch kein Schiff in Sicht. Dann fing es an zu regnen. Zur Abwechslung, denn es hatte heute bestimmt erst sechs bis sieben Mal zwischen Regen und Nicht-Regen gewechselt. Ach übrigens: ich habe noch nirgendwo so viele Fachgeschäfte für Regenschirme gesehen, wie hier in Bergen. Es gibt hier sogar Fachreparaturwerkstätten für Regenschirme. Ich denke, es wird hier wohl mindestens so viel regnen, wie es in London Regenschirme gibt.

Kurze Zeit später hörte es aber wieder auf - kurzfristig - und in diesem Moment kam die "Nordnorge" um die Ecke. Sie hatte so eine Geschwindigkeit drauf, daß ich gar nicht so schnell meine Videokamera startklar machen konnte. Schon hatte sie angelegt und die Gangway wurde herangefahren. Unzählige Passagiere strömten von Bord. Die Osterferien waren zu Ende und so kamen wohl viele vom Skiurlaub zurück, jedenfalls hatten die meisten große Sporttaschen und Skier dabei.

 Info "Nordnorge":

Reederei: OVDS
Baujahr: 1964, umgebaut 1986
Länge: 86 Meter
Tonnage: 2611 BRT
237 Betten, 500 Passagiere
Nachfolgerin der alten "Barøy" (700 BRT, 1953 - 1964)

Deutsche Rundreisepassagiere verließen das Schiff. Wir hörten, wie sie sich voneinander verabschiedeten. Das bestätigte unsere Beobachtung, daß das Kennenlernen und Freundschaftschließen, einfach das harmonische Miteinander und das Zusammengehörigkeitsgefühl auf den kleineren, traditionellen Schiffen viel größer, viel bedeutender war, als auf den großen, neuen Schiffen. Hier auf der "Nordnorge" war auch noch das typische, nostalgische Hurtigrutenflair zu fühlen.

Wir mußten gute 15 Minuten warten, bis der Strom die Gangway herunter soweit nachgelassen hatte, daß wir an Bord konnten. Die "Nordnorge" kannten wir noch nicht und wollten sie uns deshalb einmal ansehen. Es war ein schönes Schiff, typisch für die alten Hurtigrutenschiffe. Die "Nordnorge" hatte ein Billetkontor, eine Kafeteria, einen Salon und Platz draußen an Deck. Alles, was man vorzufinden erwartet hatte, bloß anders als auf der "Nordstjernen", eben individuell. Mir ging wieder die Bemerkung von einem Crewmitglied der "Nordstjernen" durch den Kopf: - die neuen Schiffe - kennt man eines, kennt man alle. Ja, daß war bei den traditionellen Schiffen nicht der Fall. Hier konnte man noch auf Entdeckungstour gehen, hier fand man liebevolle Details (zum Beispiel Bilder an der Wand von ehemaligen Passagieren, wohl aus Freude an der Fahrt geschickt), Landkarten von der Strecke im Treppenaufgang, dort, wo man bei den neuen Schiffen auf moderne Kunst trifft, und eben individuelle Eigenheiten der einzelnen Schiffe (sei es auch nur der Kampf mit dem Wasserhahnsystem in der Toilette hinter der Kafeteria).

Hier nahm man von uns Notiz, hier wurden wir bei unserem Rundgang durch das Schiff gefragt, ob man uns helfen könne und hatte ein interessiertes Ohr für unsere Erlebnisse auf der "Nordstjernen". Als wir zum Beispiel auf der "Richard With" waren, da fielen wir gar nicht auf, da waren wir zwei unter sehr vielen.

Wir beschlossen, am Abend noch einmal wiederzukommen, dann, wenn das Schiff wieder klar zum Nordkurs war.

Jetzt war für uns erst einmal wieder Sightseeing angesagt, wir wollten nämlich noch auf den "Fløyen" und von oben die "Nordnorge" im Hafen fotografieren. Diesmal fanden wir den Weg per Auto erstaunlich gut und kamen auch dort an, wo wir es geplant hatten. Wir kauften uns zwei Tickets für die "Funicular" (pro Person hin und zurück 27:- NKr, fährt alle 20 Minuten) und fuhren um 16.00 Uhr los, aber ohne auch nur einen Meter vom Hafen sehen zu können. Es regnete nämlich mal wieder und war dicht bezogen. Aber wir hatten die Fahrt nun einmal begonnen. Die "Funicular" ist eigentlich Transportmittel und nur der letzte Streckenabschnitt führt zum Aussichtspunkt. Dort stiegen wir aus. Es war kalt und windig, der Schnee lag ziemlich hoch. Wir flüchteten in den Kiosk und während ich eine Postkarte erstand, riß draußen unerwartet der Nebel und die Wolkendecke auf und gab doch noch den Blick auf die Stadt frei. Auch die "Nordnorge" sahen wir im Hafen liegen. Genauso hatte ich mir das vorgestellt. Wir genossen den Blick, machten die obligatorischen Fotoaufnahmen, ich zoomte uns natürlich videomäßig runter zur "Nordnorge" und dann fuhren wir auch schon wieder zu Tal. Inzwischen war es fast 17.00 Uhr und wir hatten noch nichts gegessen. Uns fehlte der geregelte Tagesablauf der "Nordstjernen", da hätten wir schon lange Mittag gegessen und das Abendessen dicht wieder vor uns gehabt. Aber hier mußten wir uns nun selbst etwas Eßbares suchen. So spät am Nachmittag fanden wir nur Rettung in *einer Pizzeria. Typisch norwegisch war das natürlich nicht, aber es war trocken (draußen regnete es nämlich wieder), die Pizza war reichlich und schön heiß. Was will man mehr?*

Nach der Pizza wollten wir uns die Bryggen ansehen. Wir machten uns auf den Weg. Tolle alte Häuser, sage ich Ihnen. Ich hatte sie zwar schön in Erinnerung, aber diese Häuserzeile unten am Wasser ist einfach grandios. Alleine die Farben sind einmalig. Die Ruhe und diese gleichmäßige Beständigkeit ist faszinierend. Ich ärgerte mich, nicht schon eher hergekommen zu sein. Für unseren nächsten Bergenbesuch nahmen wir uns vor, hier den allerersten Stopp zu machen, hier in diese kleinen Geschäfte zu gehen und hier in diesen urigen Lokalen zu essen. Aber nun war es zu spät. Gegessen hatten wir gerade etwas, die Geschäfte hatten zu, es regnete und war dämmerig bezogen. Ich grollte mit mir. Ich hätte es doch von früher besser wissen müssen, aber ich war halt sehr lange nicht mehr in Bergen gewesen. So drückten wir uns jetzt ein wenig an den Schaufenstern die Nasen platt, machten Fotos und schlenderten durch die engen Gassen zwischen den Häusern. Dann wurde es uns auf die Dauer zu naß und wir beschlossen, wieder zur "Nordnorge" zu fahren, um dort einen Kaffee und einen Tee zu trinken. Das ist Luxus, oder? Zum Schiff zum Kaffeetrinken zu fahren, das bringen wohl nur echte Hurtigruten-Enthusiasten fertig. Aber der Tee war es wert und das eine und andere Hurtigrutensouvenir, das in meiner Sammlung noch fehlte, fand sich hier in der Kafeteria. Aber nicht mehr lange, denn dann befand es sich in meiner frisch erstandenen, einzigartigen Hurtigruten-Tasche.

Zwei Tische weiter saß eine Runde von Norwegern. Aus ihrem Gespräch waren immer wieder die Worte "Nordstjernen" und "Nordlys" herauszuhören, aber so sehr wir auch lauschten und so sehr unsere Ohren immer größer und größer wurden, den Rest des Gespräches konnten wir nicht verstehen. Wieder ärgerten wir uns (einmal mehr) die Sprache nicht besser zu sprechen.

Der Tag war lang, draußen war es finster und es regnete zur Abwechslung und so entschieden wir, in unser Hotel zurückzukehren. Unser norwegisches Mietauto fand einwandfrei durch das Einbahnstraßengetümmel in die Tiefgarage des Hotels (Tiefgarage kostete übrigens 60:- Nkr extra). Heute waren wir nicht so naß geworden, wie gestern, und konnten daher ins Bett gehen, ohne total durchgefroren zu sein.

2. LANDTAG: MITTWOCH, DER 6. APRIL

Nach dem Frühstück mußten wir unser Mietauto zu "Avis" zurückbringen. Inzwischen auf alle Einbahnstraßen-Eventualitäten gefaßt, fanden wir erstaunlich schnell zu der uns angegebenen Tankstelle, wo wir das Auto abstellen sollten. Zehn Schritte weiter befand sich das Büro, wo wir die Autoschlüssel zurückgaben und dafür unsere Kaution abzüglich Automiete zurück erhielten. Unter dem Strich kostete das Mietauto für 24 Stunden inclusive Kilometer, Benzin, Steuer und Versicherung etwas über 600:- NKr. Dafür waren unsere Einkäufe und wir trocken geblieben, wir hatten es gemütlich und bequem gehabt und waren um eine Erfahrung reicher. Man rief uns noch ein Taxi, das uns bei "Avis" abholen und zum Bahnhof brin-

gen sollte. Unsere Fahrt zum Bahnhof führte uns allerdings noch einmal an den Bryggen vorbei, wo inzwischen (9.30 Uhr) die Geschäfte geöffnet hatten und so konnte ich noch schnell, während draußen das Taxi wartete, diesen tollen Norwegerpulli erstehen, den ich mir gestern im geschlossenen Laden ausgeguckt hatte. Pech für die Taxirechnung war nur, daß noch ein Anruf kam, der den Kauf meines Pullis deutlich verzögerte, weil die Verkäuferin daraufhin ersteinmal im Lager verschwand. Dafür war der Pulli ziemlich günstig (etwas über 400:- NKr) und besonders schön. Als ich mit meinem Pullipaket (Tax Free!) zum Taxi zurückkehrte, ging die Fahrt eilends weiter zum Bahnhof. Der Taxifahrer war uns mit unseren Koffern, Taschen und Tüten behilflich und wir steuerten auf das Gleis zu, wo der Zug der NSB (Norwegische Staatsbahn) nach Oslo schon bereit stand. 10.15 Uhr sollte er Bergen verlassen und cirka um 18.10 Uhr in Oslo ankommen. Dazwischen ging die Fahrt über Fjells und durch viele Tunnels und galt als eine besonders schöne Zugstrecke.

 Info Bergenbahn:

Die Fahrt mit der **Bergenbahn** kostet pro Person 110, 70 DM (2. Klasse) und dauert cirka acht Stunden. Zu empfehlen ist die Fahrtstrecke in Richtung von Oslo nach Bergen!

Der Zug war sehr bequem, auch die Koffer konnten wir gut verstauen, aber die Strecke fand ich nur bis kurz hinter Myrdal, das heißt cirka die ersten zwei bis drei Stunden interessant. Bis dahin fuhr man

Iglu möbliert

nämlich hinauf auf das Fjell, wo alles tief verschneit und weiß war. Hin und wieder sah man ein Schneemobil. Die Bahnhöfe verschwanden fast unter mehr als zwei Meter hohem Schnee. Desöfteren hatte ein großer Schneehaufen einen Kamin. Wir folgerten daraus, daß sich darunter, unter dem Schnee, wohl eine Hütte befinden mußte.

Dieser Teil der Strecke war spannend und eindrucksvoll. Aber wir waren durch unsere Eindrücke von der Reise mit der "Nordstjernen" einfach schon einiges an Imposantem gewöhnt und insoweit auch verwöhnt oder abgestumpft. Deshalb kam uns diese Fahrt wohl weniger toll vor, als wir sie uns vorgestellt hatten. Vielleicht lag es aber auch an der Jahreszeit. Vielleicht sieht diese Strecke im Sommer oder Herbst viel schöner aus, vielleicht hatten wir schlechtes Wetter für diese Gegend oder man mußte die Strecke einfach andersherum fahren: von Oslo, der dicht besiedelten Stadt, hinaus auf das Land, weiter zu den eindrucksvollen Fjells und dann an den Fjorden vorbei nach Bergen und den Urlaub oder die Fahrt mit der Hurtigrute noch vor sich. So würde ich es jedenfalls heute empfehlen, wenn mich jemand nach der Bergenbahn fragen würde.

Aber so war ich einfach ein wenig enttäuscht und nutzte die Zeit für ein ausgedehntes Schläfchen. - Das war allerdings sehr erholsam nach den letzten Tagen voller Spannung und traumhafter Landschaft.

Immer weiter brachte uns der Zug Richtung Oslo. Die Städte, die wir durchfuhren wurden größer und voller, bis wir schließlich im Hauptbahnhof von Oslo ankamen. Das war eine riesige Anlage und wir fühlten uns klein und verlassen. Alles strebte irgendwo hin oder beeilte sich irgendwo her und inmitten dieses Ameisenhaufens wir mit unseren Koffern und Taschen, mit dicken Winteranoraks, direkt aus dem hohen Norden, leicht ölverschmiert vom letzten Tag auf der "Nordstjernen", mit dicken Stiefeln an und Handschuhen in der Tasche. Um uns herum Leute mit leichten Jacken und Aktentaschen, wie aus dem Ei gepellt. Wir fühlten uns ein wenig fehl am Platze.

Dieses Gefühl wich erst recht nicht, als wir vom Taxi ausstiegen und in unserem Hotel, dem SAS-Hotel im Zentrum, eincheckten. Wir paßten so gar nicht in das Bild von Kongreß- und Geschäftsreisen. Nun ja, dafür hatten wir tolle Erinnerungen und Erlebnisse "im Gepäck" und mußten mit dieser Diskrepanz eben leben.

Info Oslo:

Die größte Stadt Norwegens mit 470 000 Einwohnern ist heute Hauptstadt des Landes. Nach der Gründung 1050 war die Stadt ab 1255 Residenzstadt der Könige. Ein verheerender Brand verwüstete die Stadt, woraufhin 1624 der Wiederaufbau durch Christian IV betrieben wurde; danach hieß die Stadt auch **Christiania** und bekam erst 1925 den Namen **Oslo** zurück. Als Sehenswürdigkeiten sind zu nennen: die **Festung Åkershus** (nur ein paar Minuten zu Fuß vom Rathaus) und die **Museen auf der Bygdøy-Insel** (Kon-Tiki-, Fram-, Sjøfarts-, Freilicht- und Wikingerschiff-Museum und eine Kirche); im Sommer verkehren Schiffe vom Zentrum (Kai 3) zur Insel.

Das Hotel war erstklassig. Unser Zimmer lag im 15. Stock und wir hatten einen herrlichen Blick auf den Oslofjord, die Anlegestellen von Stena- und Colorline, auf das Rathaus und die Festung Åkershus. Ein Superpanorama. Dazu begrüßte uns die Hotelleitung am Fernsehbildschirm mit einem namentlichen Willkommensgruß. Ich fühlte mich sehr wohl in diesem Ambiente, denn es war ein eleganter Abschluß für eine traumhafte Reise. Alles gut und schön, bis wir zum Abendessen gingen, denn dort waren wir wieder total falsch angezogen mit unserem Hurtigruten-Praktisch-Nordisch-Outfit. Hier wurde im vornehmen Tagungsdress gespiesen. Was soll´s, auch der snobistisch angezogene Expeditionsgast wurde mit ausgesuchter Höflichkeit bedient. Warum sollten wir uns also noch länger unwohl fühlen?

Das Essen im hoteleigenen Lokal "Brasseriet" war ausgezeichnet und wenn wir nicht so müde gewesen wären, hätten wir es wahrscheinlich noch mehr genossen. Die Bar im 21. Stock des Hotels durften wir jedoch in keinem Fall auslassen. Dort genehmigten wir

uns den Abschlußcocktail unserer Reise. Und als alle in die Cocktail-
bar drängten, so cirka um 22.30 Uhr, da war für uns schon Schla-
fenszeit. So waren wir das eben vom Leben an Bord gewöhnt. Also
dann, ein letztes Mal "Gute Nacht" auf dieser Reise.

3. LANDTAG: DONNERSTAG, DER 7. APRIL

Wir kamen einfach nicht aus den Federn. Heute war Abflugtermin
und wir waren ein wenig antriebslos.

Viel zu spät erschienen wir zu einem herrlichen Frühstück; ein
Frühstück, das alles bis dahin Gekannte in den Schatten stellte. So
eine Flut von Dingen habe ich an einem Frühstücksbuffet noch nicht
gesehen. Es gab alleine ein eigenes Brot- und Kuchenbuffet, dann
frische Waffeln, ein Buffet für Müsli und Zubehör, eine Saftbar mit
zehn verschiedenen Säften, darunter auch Ananassaft, den ich mir
auswählte, und noch warme und kalte Details eines Frühstücks-
buffets. Kurzum ein Schlaraffenland.

Leider hatten wir zu wenig Zeit, denn wir wollten nach der Ausstel-
lung "100-år Hurtigrute" sehen, die sich noch in Oslo befinden
sollte. Der Hotelservice kam uns da sehr entgegen: als Hotelgast
war es nämlich möglich, bereits in der Lobby sein Gepäck für den
Flug einchecken zu lassen. Das war unheimlich praktisch, waren wir
doch auf diese Weise der Tragerei und dem Problem, wohin damit
bis zum Abflug, enthoben. Auch unser Handgepäck konnten wir dort
deponieren. So konnten wir uns relativ unbeschwert auf die Suche
machen. Wir wollten zum Turistbyrå und dort nach der Ausstellung

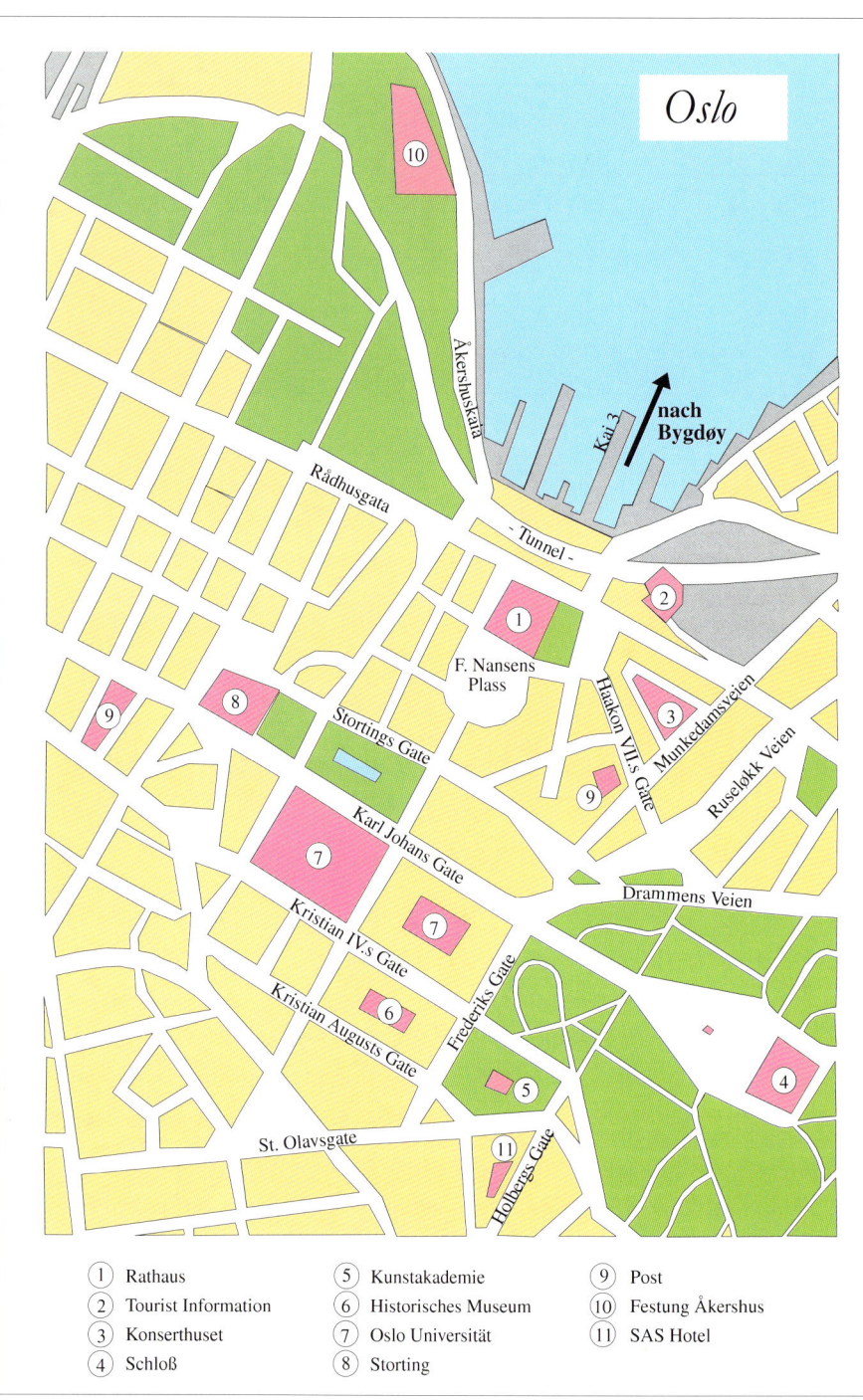

Oslo

1. Rathaus
2. Tourist Information
3. Konserthuset
4. Schloß
5. Kunstakademie
6. Historisches Museum
7. Oslo Universität
8. Storting
9. Post
10. Festung Åkershus
11. SAS Hotel

fragen, doch dazu mußten wir es ersteinmal ausfindig machen. Nach langer Suche fanden wir die Tourist Information schließlich im alten Bahnhof (ein gelbes Gebäude, direkt unten am Wasser).

Dort erfuhren wir, daß sich die Ausstellung im Seefahrtsmuseum auf der Museumsinsel Bygdøy befand. Um Zeit zu sparen, nahmen wir uns wieder ein Taxi (Fahrzeit cirka 15 Minuten), um dort angekommen erfahren zu müssen, daß diese Ausstellung vor ein paar Tagen geschlossen worden war. Ich wollte es nicht glauben, so kurz vor dem Ziel gescheitert zu sein. Unentschlossen und enttäuscht blätterte ich in den Postern, Postkarten und Büchern, die im Museumsshop angeboten wurden, fand aber nichts über die Hurtigrute. Lediglich ein allerletztes Plakat, das auf die Ausstellung hinwies, war übriggeblieben. Ich konnte es für 20:- NKr erstehen. Ach ja!

- Aber was war das? Zwei Männer kamen und steuerten zielstrebig auf den hinter Gardinen und Glastüren verschlossenen Ausstellungsraum zu, zückten einen Schlüssel und öffneten die Türen. All das hatte ich, vertieft in mein Verhandeln um das Plakat, gar nicht mitbekommen, aber Stefan! Er zog mich am Ärmel und dann hieß es für uns nur noch: nix wie nach! Wir fragten (und nervten wohl auch ein wenig) und sie erlaubten uns einen Blick auf die verbliebenen Ausstellungsstücke. Es stellte sich heraus, daß die beiden Herren gerade dabei waren, die Ausstellung abzubauen und hatten damit begonnen, die Modelle der Hurtigrutenschiffe vorsichtig in Spezialkisten zu verpacken. Ich glaube fast, alle traditionellen Schiffe waren als Modell vertreten. Überdies war von jedem Schiff, das einmal der Hurtigrute angehörte, eine Fotografie ausgestellt und es gab viele Bilder und Informationen über die Geschichte der Hurtigrute. Es war wirklich rasend interessant für solche Hurtigrutenfans wie wir. Vor allem würde es eine Ausstellung in dieser Form auch nicht wieder geben: einige Teile gingen nach Stavanger in das dortige Schiffahrtsmuseum, andere Teile nach Bergen und wieder andere nach Stokmarknes in das Hurtigrutenmuseum. Und außerdem hatten sie noch einen ganz wichtigen Hinweis für mich: die Bibliothek des Osloer Schiffahrtsmuseums hatte eine Menge Bücher zusammengetragen, die sich mit der Hurtigrute oder ihren Schiffen beschäftigten (eine Aufstellung finden sie hinten aufgeführt und durch eigene "Funde" vervollständigt).

Was hatten wir für ein Glück! So konnten wir doch wenigstens noch einen kurzen Eindruck von der Ausstellung gewinnen, auch wenn wir die Modelle teilweise schon in den Holzkisten verpackt sahen oder zum Transport vorbereitet auf Rollwägen. Zu komisch, da stand zum Beispiel ein altehrwürdiges Schiff, mit Rollen unten daran und wartete auf seine Verpackung.

Leider hatten wir nicht mehr viel Zeit. Um 13.30 Uhr holte uns wie verabredet unser Taxi vom Hinweg wieder ab und brachte uns zurück zum SAS-Hotel. Das dauerte doch immerhin gute 25 Minuten. Dort angekommen, lösten wir unser Handgepäck wieder aus und stiegen in den SAS-Bus zum Flughafen, der direkt vor dem Hotel abfuhr. Schnell und bequem waren wir so nach cirka 30 Minuten Busfahrt am Flughafen Fornebu angekommen. Letzte Abreisevorbereitungen standen noch an: ein abschließender Blick in den dortigen Souvenirshop und das Einlösen der gesammelten Tax-Free-Bescheinigungen (Tax-Free bedeutet, daß Sie sich beim Einkauf von Gegenständen von über 300:- NKr eine Tax-Free-Erklärung haben geben lassen und diese *nun mit ihrer vollständigen Adresse und Paßnummer versehen (Achtung, viel Schreibarbeit, am Besten schon vorher mal ausfüllen!) und nun bei der Ausreise am Tax-Free-Counter einlösen, und so die entrichtete Mehrwertsteuer wieder ausbezahlt bekommen. Man sollte allerdings nicht den Fehler machen und diese Tax-Free-Bescheinigungen in den Koffer packen, sondern irgendwo griffbereit haben. Ich habe sinnigerweise zwei Bescheinigungen erst zu Hause beim Auspacken wiedergefunden.*

Vor dem Abflug hatten wir allerdings noch Sicherheits- Zollkontrolle, die diesmal ziemlich streng ausfiel. Unsere neuerworbenen Bücher waren am Röntgenschirm nicht zu identifizieren und so mußten wir die Tasche auspacken. Da kamen dann natürlich auch meine Kekse, Filme und gebrauchte Socken zum Vorschein und ich konnte nicht gerade behaupten, daß es mir nicht ein klein wenig peinlich war. Aber als die Bücher sich als ungefährlich herausstellten, durften wir alles wieder einpacken und weiter unseres Heimweges ziehen. Einsteigen und Platzsuchen ging dann sehr schnell, nur unsere Hurtigruten-Sammel-Handgepäck-Tasche war ein wenig groß für die Handgepäckfächer und mußte durch heftiges Drücken erst passend gemacht werden.

Flug über Kopenhagen nach München. Alles verlief reibungslos und angenehm. Diesmal probierte ich sogar das Essen und es war recht schmackhaft. Aber über allem schwebte natürlich ein bißchen Wehmut wegen des beendeten Urlaubs. Na ja, die Videos und Filme konnten uns da schon ein wenig trösten und dann würden wir ja auch unseren neuen Freunden nach Norwegen schreiben und mal bei Stephan und Wolle anrufen. Und vielleicht könnte man ja auch schon an einen neuen Urlaub denken. Ja, das war es! Vielleicht könnten wir den nächsten Urlaub ja sogar schon planen! Sollten wir nicht vielleicht doch im Sommer mit der "Nordstjernen" nach Svalbard mitfahren? -Ach was "vielleicht" - das war die Lösung: Ja, wir würden im August die letzte Reise der "Nordstjernen" nach Svalbard mitmachen. Das war doch mal ein Abenteuer! War es da kälter? Würden wir spezielle Kleidung brauchen?

- Und alles begann von vorn...

Pe Es: *Wir haben es übrigens **nie** bereut, an Bord geblieben zu sein, im Gegenteil, hätten wir in Bodø das Schiff verlassen, hätten wir unvergeßliche Impressionen, schönste Erinnerungen und wunderbare Erlebnisse verschenkt. Ich bin sicher, daß wir wieder einmal eine Reise im "Winter" mit der "Hurtigrute" machen werden, denn zu dieser Zeit, wenn das Schiff erheblich leerer ist als im Sommer, dann erlebt man alles noch viel intensiver. Vielleicht werden Sie und ich richtige Winterfans?*

MS Nordstjernen

Noch 3 Tips zur Sprache

Für "Guten Tag" können Sie "Hei" (sprich: hei) oder "God dag" (sprich: guu dag) sagen, für "Aufwiedersehen" "Ha det" (sprich: ha deeeh) oder "Ha det bra" (sprich: ha deh braaa).

Eine Entsprechung für das deutsche "Bitte" gibt es nicht. Sie lassen es einfach weg oder sagen - wenn es ganz besonders höflich sein soll: "Vær så snill" (sprich: wer sooo snill) plus Ihren Satz. "Vær så god" (sprich: wä sche guu) sagen Sie nur, wenn Sie gleichzeitig auch etwas geben (zum Beispiel den Salzstreuer herüberreichen).

"Danke" heißt "Takk" oder "Tusen takk" (sprich: tüsen tack) und "Entschuldigung" heißt "Unnskyld" (sprich: ünschüld).

Und noch etwas: in Norwegen bedankt man sich viel; es gehört sogar zum Guten Ton, sich nach dem Essen für die Mahlzeit zu bedanken, bevor Sie den Tisch verlassen. So zum Beispiel auch im Speisesaal an Bord der "Hurtigrute". Das habe ich auch erst dieses Jahr gelernt, daß ein "Takk for maten" (sprich: tack for maaaten = "Danke für´s Essen") durchaus üblich ist.

Ansonsten kann man sich mit Englisch überall und sehr oft sogar mit Deutsch verständigen. Und wenn Ihnen mal eine Vokabel fehlt, dann probieren Sie es einfach einmal mit dem deutschen Wort, denn sehr oft ähneln sich die deutschen und norwegischen Worte und man versteht sich überraschend gut.

LETZTE INFORMATIONEN VON DER REEDEREI:

Wie uns kurz vor Drucklegung durch die Reederei TFDS noch mitgeteilt wurde, fungiert die "Nordstjernen" zur Zeit als Hotelschiff, bis sie von Juni bis August die Fahrten zwischen Tromsø und Svalbard übernimmt.

Für die Saison im Jahr 1995 ist sie für diese Fahrt ebenfalls nocheinmal eingeplant. Sie können also dieses traumhafte Schiff selbst noch kennenlernen!

Wohin der Weg der "Nordstjernen" dann führen wird, ist ungewiß.

Die Reederei bat uns, Sie mit den drei verschiedenen Typen der Schiffe bekannt zu machen und damit Sie sich vorstellen können, wo Ihre Kabine liegen könnte, haben wir kurzerhand die Kabinenpläne für Sie gezeichnet.

Welchen Schiffstyp Sie für Ihre Traumreise wählen, hängt von Ihrem Geschmack und den Erwartungen ab, die Sie an Ihre Reise stellen.

Wollen Sie es luxuriös und bequem, dann würde ich Ihnen eines der neuesten Schiffe empfehlen. Auch bei schlechtem Wetter haben Sie dort viele Möglichkeiten die Landschaft zu genießen und einen eventuellen Seegang dürften Sie hier wohl am wenigsten spüren.

Wollen Sie es aber gemütlich und nostalgisch, mit diesem kleinen Tick Abenteuer und dem Gefühl, immer hautnah am Geschehen zu sein, dann muß Ihre Wahl auf eines der alten, traditionellen Schiffe fallen. Hier finden Sie die Seereise in ihrer klassischen Form.

Und wenn Sie weder das eine, noch das andere Extrem wollen, dann beginnen Sie doch einfach mit dem Mittelweg und fahren Ihre erste Reise auf einem der mittleren Schiffe, wie z.B. der "Midnatsol". Ich sage bewußt "beginnen", denn ich glaube, daß auch Sie diese Leidenschaft "Hurtigrute" nie mehr loslassen wird.

MS Harald Jarl

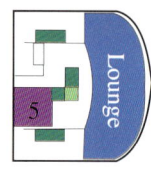
Bootsdeck

Salon-Deck

A-Deck

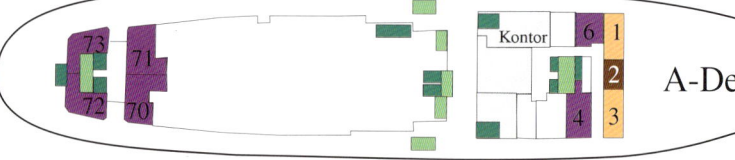
B-Deck

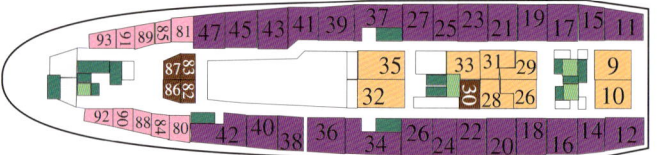

Außenkabine mit WC	
Außenkabine ohne WC	
Innenkabine mit WC	
Innenkabine ohne WC	
Speisesaal / Kafeteria	
Salon / Lounge	
Treppen	

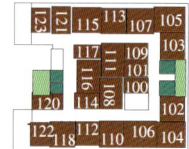
C-Deck

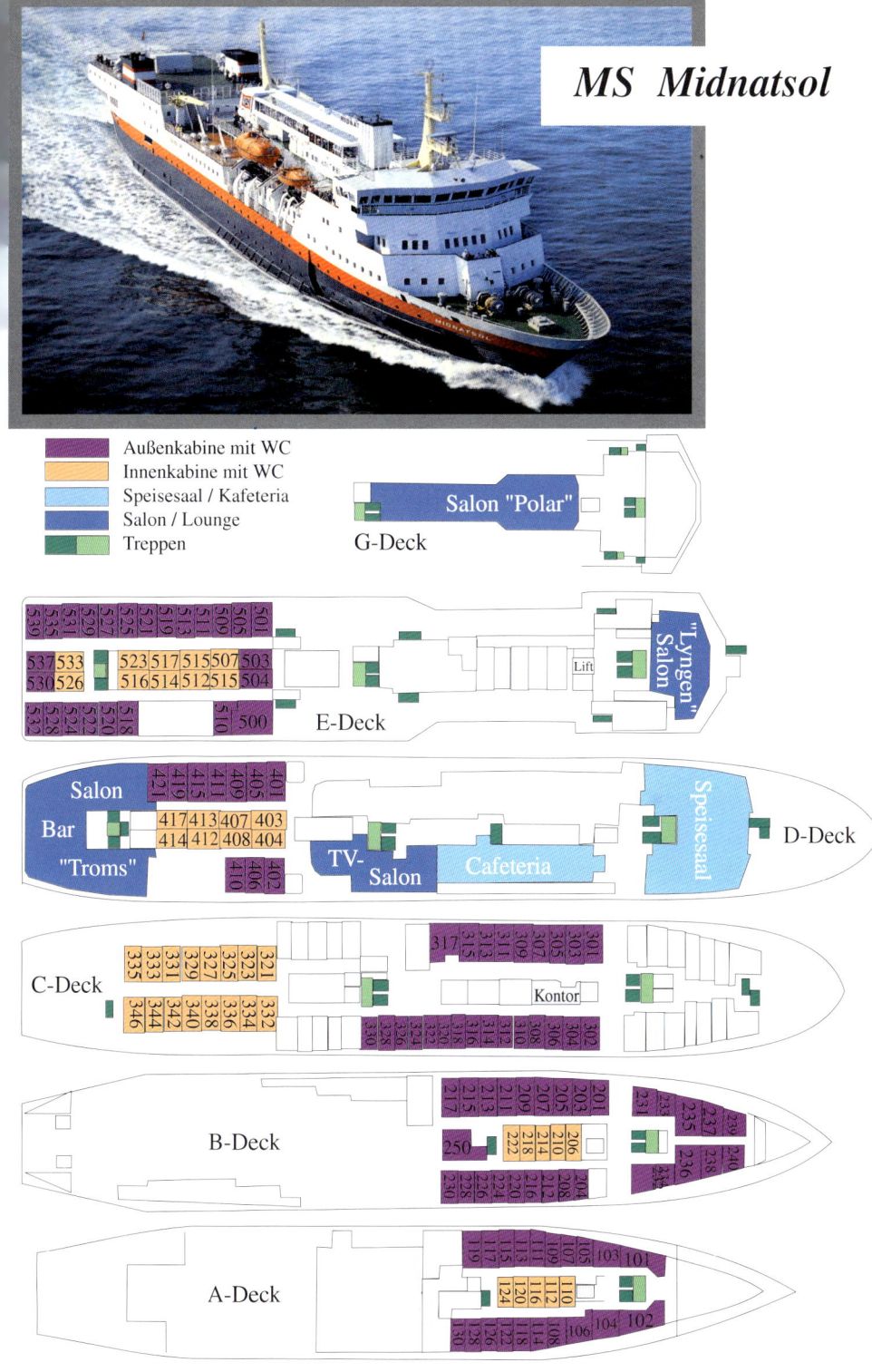

MS Midnatsol

Legend:
- Außenkabine mit WC
- Innenkabine mit WC
- Speisesaal / Kafeteria
- Salon / Lounge
- Treppen

G-Deck — Salon "Polar"

E-Deck — "Lyngen" Salon, Lift

D-Deck — Salon, Bar, "Troms", TV-Salon, Cafeteria, Speisesaal

C-Deck — Kontor

B-Deck

A-Deck

WER BEGEGNET WEM WO HEUTE?

◀ Ort der Begegnung / Ihr Schiff ▶	Nordlys	Nordkapp	Lofoten	Vesterålen	Kong Harald	Polarlys	Narvik	Nordnorge	Richard With	Harald Jarl	Midnatsol
Florø - Måløy	Nordkapp	Lofoten	Vesterålen	Kong Harald	Polarlys	Narvik	Nordnorge	Richard With	Harald Jarl	Midnatsol	Nordlys
Molde - Kristiansund	Lofoten	Vesterålen	Kong Harald	Polarlys	Narvik	Nordnorge	Richard With	Harald Jarl	Midnatsol	Nordlys	Nordkapp
Trondheim	Vesterålen	Kong Harald	Polarlys	Narvik	Nordnorge	Richard With	Harald Jarl	Midnatsol	Nordlys	Nordkapp	Lofoten
Rørvik	Kong Harald	Polarlys	Narvik	Nordnorge	Richard With	Harald Jarl	Midnatsol	Nordlys	Nordkapp	Lofoten	Vesterålen
Nesna - Ørnes	Polarlys	Narvik	Nordnorge	Richard With	Harald Jarl	Midnatsol	Nordlys	Nordkapp	Lofoten	Vesterålen	Kong Harald
Stamsund - Svolvær	Narvik	Nordnorge	Richard With	Harald Jarl	Midnatsol	Nordlys	Nordkapp	Lofoten	Vesterålen	Kong Harald	Polarlys
Harstad	Nordnorge	Richard With	Harald Jarl	Midnatsol	Nordlys	Nordkapp	Lofoten	Vesterålen	Kong Harald	Polarlys	Narvik
Tromsø - Skjervøy	Richard With	Harald Jarl	Midnatsol	Nordlys	Nordkapp	Lofoten	Vesterålen	Kong Harald	Polarlys	Narvik	Nordnorge
Hammerfest - Havøysund	Harald Jarl	Midnatsol	Nordlys	Nordkapp	Lofoten	Vesterålen	Kong Harald	Polarlys	Narvik	Nordnorge	Richard With
Mehamn - Berlevåg	Midnatsol	Nordlys	Nordkapp	Lofoten	Vesterålen	Kong Harald	Polarlys	Narvik	Nordnorge	Richard With	Harald Jarl
Berlevåg - Mehamn	Nordkapp	Lofoten	Vesterålen	Kong Harald	Polarlys	Narvik	Nordnorge	Richard With	Harald Jarl	Midnatsol	Nordlys
Havøysund - Hammerfest	Lofoten	Vesterålen	Kong Harald	Polarlys	Narvik	Nordnorge	Richard With	Harald Jarl	Midnatsol	Nordlys	Nordkapp
Skjervøy - Tromsø	Vesterålen	Kong Harald	Narvik	Richard With	Harald Jarl	Midnatsol	Nordlys	Nordkapp	Lofoten	Vesterålen	Kong Harald
Harstad	Kong Harald	Polarlys	Nordnorge	Harald Jarl	Midnatsol	Nordlys	Nordkapp	Lofoten	Vesterålen	Kong Harald	Polarlys
Svolvær - Stamsund	Polarlys	Narvik	Richard With	Midnatsol	Nordlys	Nordkapp	Lofoten	Vesterålen	Kong Harald	Polarlys	Narvik
Ørnes - Nesna	Narvik	Nordnorge	Harald Jarl	Nordlys	Nordkapp	Lofoten	Vesterålen	Kong Harald	Polarlys	Narvik	Nordnorge
Rørvik	Nordnorge	Richard With	Midnatsol	Nordkapp	Lofoten	Vesterålen	Kong Harald	Polarlys	Narvik	Nordnorge	Richard With
Trondheim	Richard With	Harald Jarl	Nordlys	Lofoten	Vesterålen	Kong Harald	Polarlys	Narvik	Nordnorge	Richard With	Harald Jarl
Kristiansund - Molde	Harald Jarl	Midnatsol	Nordkapp	Lofoten	Vesterålen	Kong Harald	Narvik	Narvik	Nordnorge	Richard With	Harald Jarl
Måløy - Florø	Midnatsol	Nordlys	Nordkapp	Lofoten	Vesterålen	Kong Harald	Polarlys	Narvik	Nordnorge	Richard With	Harald Jarl

Zur Info:

Zu der Zeit, da die "**Nordstjernen**" diese historische Fahrt gemacht hat, waren noch 3 traditionelle Schiffe mehr im Dienst, die in den Jahren 1995 bis 1997 durch neue Schiffe ersetzt wurden: an die Stelle der "Nordstjernen" trat, wie Sie jetzt wissen, 1994 die neue "**MS Nordlys**", 1995 an die Stelle der "**Ragnvald Jarl**" die "**MS Polarlys**", an die Stelle der "**Nordnorge**" 1996 die "**MS Nordkapp**" und an die Stelle der "**Kong Olav**" 1997 die neue "**MS Nordnorge**". Ferner gehörte die "Lofoten" zu dieser Zeit noch der Reederei FFR, heute jedoch der OVDS, sodaß nur noch die Reedereien OVDS und TFDS die Hurtigruten betreiben. (Die alten Schiffe fahren aber noch .... z.B. die alte "Nordnorge" als "Island Explorer" für Tauch-Kreuzfahrten bei den Malediven, die alte "Ragnvald Jarl" als heutige "MS Gann" als Trainingsschiff der Handelsmarine, die auch Sommerkreuzfahrten entlang der norwegischen Küste unternimmt und sogar die alte "MS Polarlys" (Baujahr 1953), die 1993 außer Dienst gestellt wurde (für sie kam die neue "MS Kong Harald"), fährt heute in der Mercy Ships' Fleet als "Caribbean Mercy" in der Karibik vor Zentral- und Süd-Amerika.

MS Nordlys

Deck 7

WC
WC
Lift
WC
WC

Salon "Sirius"

Lift

WC

Salon "Orion"

WC

Deck 6

660 659 658 657
656 654 652 650 648 646 644 642
655 653 651 649 647 645 643 641
639 637 635 633 631 629 627 625 623 621 619 617 615 613
638 636 634 632 630 628 626 624 622 620 618 616 614

Lift

Lift

612 610
611

605 601
603
607

606 602
604
608

Deck 5

572 570 569
571
568 566 564 562 560 558 556 554 552 550
567 565 563 561 559 557 555 553 551

Deck 5

549 547 545
548 546 544 542 540 538 536 534 530
543 541 539 537 535 533 531 529 527 525 523 521
532 528 526 524 522

517 513
515
519

511 509 507 505 503 501
508 506 504 502
518 516 514 512 510
520

Deck 4

Speisesaal "Stjernesalen"

Deck 4

Shop

WC WC

Spielraum

Arcade

Café "Aurora"

Konferenzräume

Bibliothek

WC

WC

Bar "Sirilund"

Deck 3

Deck 3

363 361 359 357 355 353 351 349 347 345 343 341 339 337
369 394 392 390 388 386 384
365
382 380 378 376 374 372 370 368 366 364 362 360 358 356 354 352 350 348 346 344 342 340 338

Lift
Lift

335 333 331

325 321 319
323
315 313 311 309 307 305 303 301
310 308 306 304
336 334 332 330 328 326 322 320 318 316
324
327
328

Lift

Deck 2

Deck 2

Autolift

Autostellfläche

Lift

Sanitäter

Lift

Fitness Sauna

223 221 219 217 215 213 211 209 207 205 203 201
225
202
218 216 214 212 210 208 206 204
220

165

Legend:
- Außenkabine mit WC
- Innenkabine mit WC
- Speisesaal / Kafeteria
- Salon / Lounge
- Treppen

UND WAS WURDE ÜBER UNSERE FAHRT BERICHTET:

Im Firdaposten aus Florø erschien am 9. April 1994 dieser Artikel von Torleik Stegane:

Hurtigrute for eit nytt hundreår

- No byrjar båtane bli så store at det er nesten uforsvarleg å gå i hurtigrutefart med dei, sa nokre fiskarar frå Senja då dei såg nybygde M/S Nordstjernen for fyrste gong gli inn på Florø hamn ein februarmorgon i 1956.
Dette fortel kaptein Herodd Widding oss like før han skal legge ut på jomfrutur frå Bergen med flunkande nye M/S Nordlys. Kva dei same fiskarane seier i april 1994 når Widding i all sin velde kjem sigande til kai i 35 hamner langs norskekysten, veit vi ikkje. Helst truleg er dei stumme. For skilnaden mellom 38 år gamle smekre, formfullendte M/S Nordstjernen på godt og vel 2.000 tonn og den meir ruvande legoklosseprega M/S Nordlys på over 11.000 tonn, er mykje meir enn storleiken. Dette er båtar frå to tidsaldrar, frå to hundreår. Det er fortida og framtida til hurtigrutefarten i Norge.

Aukande godsmengd
- Galskap, seier nostalgikarane som vil pine liv i dei gamle båtane, og helst kontrahere nye kopiar av dei.
- Rett satsing mot neste hundreår, seier dei ansvarlege i reiarlaga, og ser ut til å få rett. For både passasjertal og godsmengd er sterkt aukande etter at dei nye båtane kom. Det starta med M/S Kong Harald i juli i fjor, heldt fram med M/S Richard With sist jul, og når dette står på trykk, fossar splitter nye M/S Nordlys nordaustover langs finnmarkskysten. Dermed har passajer- og godskapasiteten auka med over 50 prosent på godt og vel eit halvt år.

Siste etappe
Andre påskedag var vi med og skreiv kulturhistorie. Saman med to folkehøgskuleelevar frå Florø entra vi landgangen og steig ombord i eldste hurtigruta i drift: M/S Nordstjernen, overlevert frå Blohm und Voss AG i Hamburg 24. februar 1956 til Det Bergenske Dampskibsselskap, gjekk den 88 sjømil aller siste etappen av den 1150 mil lange hurtigruteturen langs riksveg 1.

To tusen fire hundre gonger har ho gått her på nordog sør i alt slags ver. Med 160 passasjerar, 35 pallar last og eit mannskap på 26, stemner den ærverdige dama sørretter leia i gråver og stampesjø om baugen. Kaptein Kjell-Arne Storemyr har åtte års hurtigrutefartstid bak seg og har opplevd reine hyllingsturen frå Kirkenes og sørover.

"Vemdig og trist"

- Klart det er ein spesiell tur, dette her. Litt vemodig og trist er det òg. Men jamvel ei hurtigrute varer ikkje evig, veit du. Skal vi vere med på dette, lyt gamalt vike for nytt.

Mange av passasjerane om bord er på rundreise. Her er folk frå Australia, Frankrike, England, Tyskland, Sverige og Norge. I fylgje kaptein Storemyr ser rundreiser ut til å auke i popularitet. Same passasjerane kjem att år etter år og skal ha turen med "sin" båt. Rekorden har Sonja frå Frankfurt med 31 turar ombord i M/S Harald.

- Mesta eit heilt års fartstid, slær kaptein Storemyr fast, og gjev rormann Eval Danielsen ordre om kursendring.

"Godt for husmora"

Pensjonistekteparet Oliver og Kari frå Oslo kan ikkje mote med Sonja frå Frankfurt, men er ute på den sjuande rundturen sin. - Dette er den finaste måten å feriere på som finst, seier Oliver. - Særleg for husmora, seier Kari og er full av lovord over mat, service, mannskap, båt og medpassasjerar. - Dette her er mykje rimelegare enn å feire påske på eit høgfjellshotell. Og så er det mykje trivelegare, slær ekteparet fast. - Kva gjer de neste år når "dykkar" båt ikkje går lenger? - Vi har alt bestemt oss for M/S Harald Jarl. Vi held oss til dei gamle båtane så lenge dei går. Vi har høyrt at denne her skal gå i turistrute mellom Tromsø og Svalbard i sommar. Då skal vi vere med, har vi tenkt.

Frankfurt og München

I matsalongen treffer vi ekteparet Elisabeth og Stefan frå München. Dei reiser saman med Stephan frå Frankfurt, som dei har blitt godvener med på ein av rundturane. Dette er fjerde turen hans. - Det er heilt fenomenalt. Vi vil ti gonger før ta desse turane enn cruise i Karibien. Maken til atmosfæren og servicen her finn du ingen andre stader, seier dei i kor og uttrykkjer skepsis til dei nye hurtigrutene som dei hart høyrt skal vere som eit cruiseskip. - Vi tykkjer de nordmenn skal vere stolte over desse gode, gamle båtane med sjel. Dei er einestående i verda, og det skal de utnytte og eventuelt byggje nye over same lesten.

Ei ny tid

Vi forlet tyskarane vel vitande om at Bergen er berre ein halv time unna. Og ved Askeneset dukkar det opp eit flytande hotell i stål og glas. Det er arvtakaren M/S Nordlys som viser seg fram i all si prakt i gråveret. To tidbolkar møtest i rom sjø. Skipsfløytene drøn over heile Byfjorden, folk vinkar og helsar. Så er det parademarsj mot Dokkeskjerskaien. Veteranen føre og nykomlingen etter. Bergen brannvesen helsar med vasskanonar. Småbåtar helsar og held seg på respektabel avstand, medan M/S Nordstjernen klappar til kai og dei 160 passasjerane går i land. Dei fleste etter kvart over at dei har vore med på ei historisk reise ...

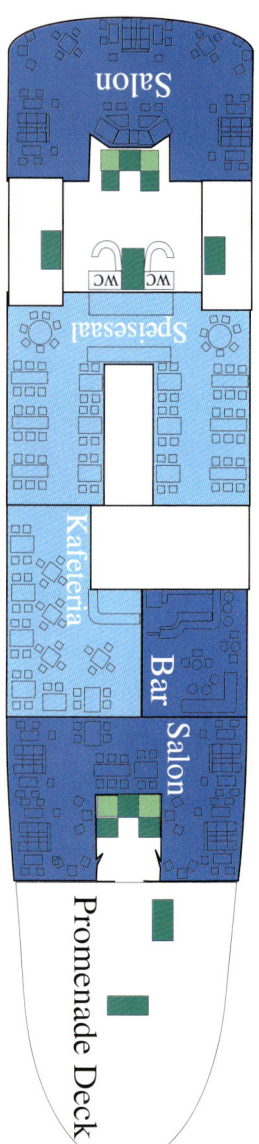
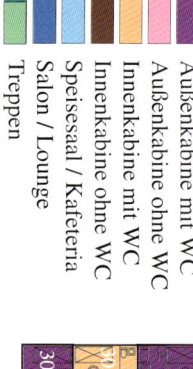
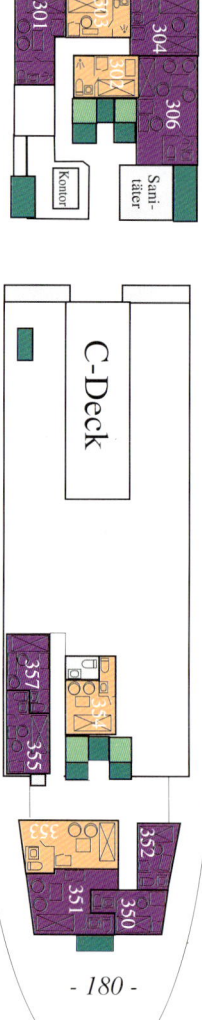
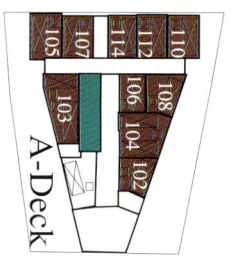
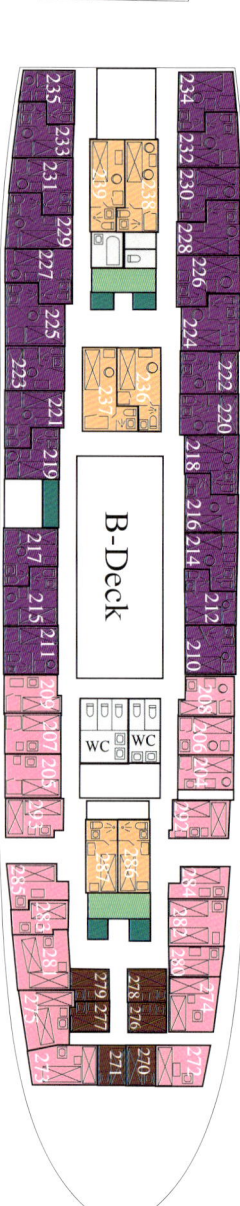

MS Nordstjernen

Und im Sør-Varanger aus Kirkenes erschien bereits am 7. April 1994 ein Artikel von Åge Algerøy:

Farvel til Nordstjernen

Etter å ha gjort vendereis i Kirkenes de siste 38 årene, ble onsdag 30. april et farvel med hurtigruteskipet M/S Nordstjernen. Kapteinen fikk blomster av havnesjefen, og innrømmet at den siste turen var litt vemodig. Nå skal skipet i dokk, og til sommeren i cruisetrafikk mellom Tromsø og Svalbard. En gjeng entusiaster har startet kronerulling for å redde klassikeren fra opphugging.

Onsdag morgen la M/S Nordstjernen til kai i Kirkenes for siste gang. Mens passasjerer gikk av og på, og gods ble lastet og losset, fikk kapteinen blomster av havnesjef i Kirkenes.

Blandete følelser

- Det er nok med blandete følelser vi tar denne siste turen. Vemodig fordi "Nordstjernen" er en staselig og fin båt som har gått i hurtigrutetrafikk siden 1956. Men samtidig ser jeg at ikke alt kan vare evig. Tiden krever at vi får mer plass. I mange år nå har det vært fullbooket om sommeren. Mange av passasjerene vil ha det enkelt og nostalgisk, men det er nok ingen vei utenom å få flere lugarer med høyere standard, sier kaptein Kjell-Arne Stormyr.

Og det har M/S Nordlys, som tar over etter "Nordstjernen". De nye hurtigruteskipene har dessuten større plass til gods og biler, og arbeidet med lossing og lasting blir mindre arbeidsskrevende. Nå kreves det tre mann foran på dekk for å gjøre denne jobben, mens det på de nye skipene bare er behov for en truckfører.

Problemen går over

- En del har hevdet at de nye og store hurtigruteskipene må gå forbi enkelte anløpssteder i dårlig vær. Stemmer det? - Kaptein Stormyr innrømmer at det er et problem, men er sikker på at det innen kort tid kommer til å bli bedre.

- Når mannskapet får skikkelig føling med de nye båtene, kommer problemet til å forsvinne. Man må lære seg å kjenne båtene, og i starten drar man heller forbi enn å ta unødige sjanser. Akkurat det samme som blir sagt i dag, ble forøvrig sagt da man i 1982 satte "Midnatsol", "Narvik" og "Vesterålen" i drift. Men det ordnet sig litt etter litt, sier Stormyr.

Svalbardcruise

Når "Nordstjernen" nå har gjort sin misjon som hurtigruteskip, skal den først i dokk for å oppgraderes foran sin nye oppgave. Fra sommeren av skal den gå i trafikk mellom Tromsø og Svalbard, via Nordkapp. Det blir ukentlige cruise, og det er nåværende eier, Troms Fylkes Dampskibsselskap (TFDS), som står bak dette.

Fremtiden er ellers mer usikker, bortsett fra at skipet kan brukes som vikar når andre hurtigruteskip skal på service.

En gjeng entusiaster, med Hallvard Johansen fra Sandnessjøen i spissen, har nå startet kronerulling for å kjøpe skipet. De vil redde det fra opphugging eller salg til utlandet. - Det er fint dersom noen tar vare på "Nordstjernen". Den er godt vedlikeholdt, er en god sjøbåt og er i alle fall for god til å hugges opp, sier kaptein Stormyr. At skipet betyr mye for folket langs kysten, viser en historie kapteinen hørte i radioen. - Det var en gammel fisker som sa at dersom "Nordstjernen" skulle ende opp som spiker, så ville i hvert fall han ha en spiker. For mannskapet ombord på "Nordstjernen", venter en del forandringer. Alle de fast ansatte får beholde jobbene, men omrokkeringer gjør at ikke alle blir plassert på samme sted. De kommer til å få sine arbeidsplasser på forskjellige hurtigruteskip.

Valgte siste turen

Stephan fra Frankfurt var en av passasjerene ombord på den siste turen. Han har reist mange ganger med hurtigruten, men aldri med "Nordstjernen". Han valgte nettopp denne turen, fordi han regnet med at det ville skje en hel del på anløpsstedene. Å reise i vinterhalvåret synes han er topp, for da får han ha nesten hele skipet for seg selv.

Achtung!

Die im Text angegebenen Anlegezeiten beziehen sich auf den Winterfahrplan (1. Oktober bis 31. März) der Hurtigrute. Für den Sommerfahrplan (1. April bis 30. September) ergeben sich für folgende Orte Veränderungen im Zeitplan: Honningsvåg, Kjøllefjord, Mehamn, Berlevåg, Båtsfjord, Vardø, Vadsø, Kirkenes, Havøysund, Hammerfest und Øksfjord.

Tickets gefällig?

Die Schiffe im Überblick
- Stand 1999 -

Die Traditionellen:

"Harald Jarl"
Reederei: TFDS
Baujahr: 1960

"Lofoten"
Reederei: OVDS (früher FFR)
Baujahr: 1964

Die mittlere Generation:

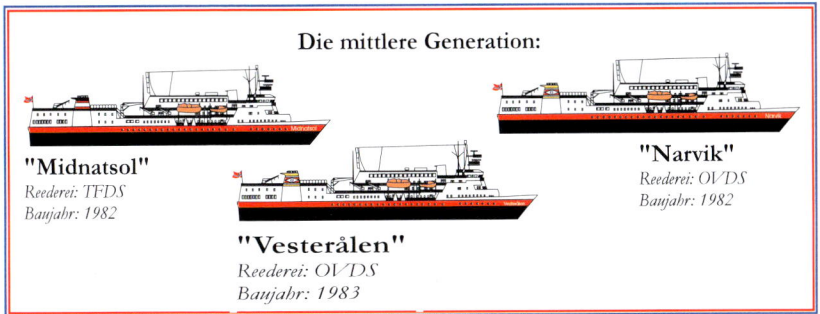

"Midnatsol"
Reederei: TFDS
Baujahr: 1982

"Narvik"
Reederei: OVDS
Baujahr: 1982

"Vesterålen"
Reederei: OVDS
Baujahr: 1983

Die neue Generation:

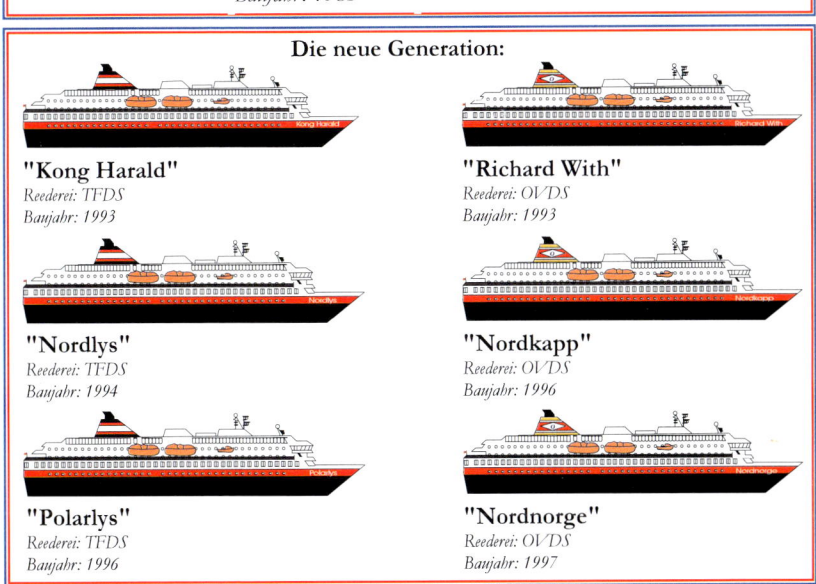

"Kong Harald"
Reederei: TFDS
Baujahr: 1993

"Richard With"
Reederei: OVDS
Baujahr: 1993

"Nordlys"
Reederei: TFDS
Baujahr: 1994

"Nordkapp"
Reederei: OVDS
Baujahr: 1996

"Polarlys"
Reederei: TFDS
Baujahr: 1996

"Nordnorge"
Reederei: OVDS
Baujahr: 1997

Leider bereits nicht mehr in der Hurtigrute sind:

"Kong Olav"
Reederei: OVDS
Baujahr: 1964

"Ragnvald Jarl"
Reederei: TFDS
Baujahr: 1956

"Nordnorge"
Reederei: OVDS
Baujahr: 1964

Interessantes zum Lesen, Hören und Sehen

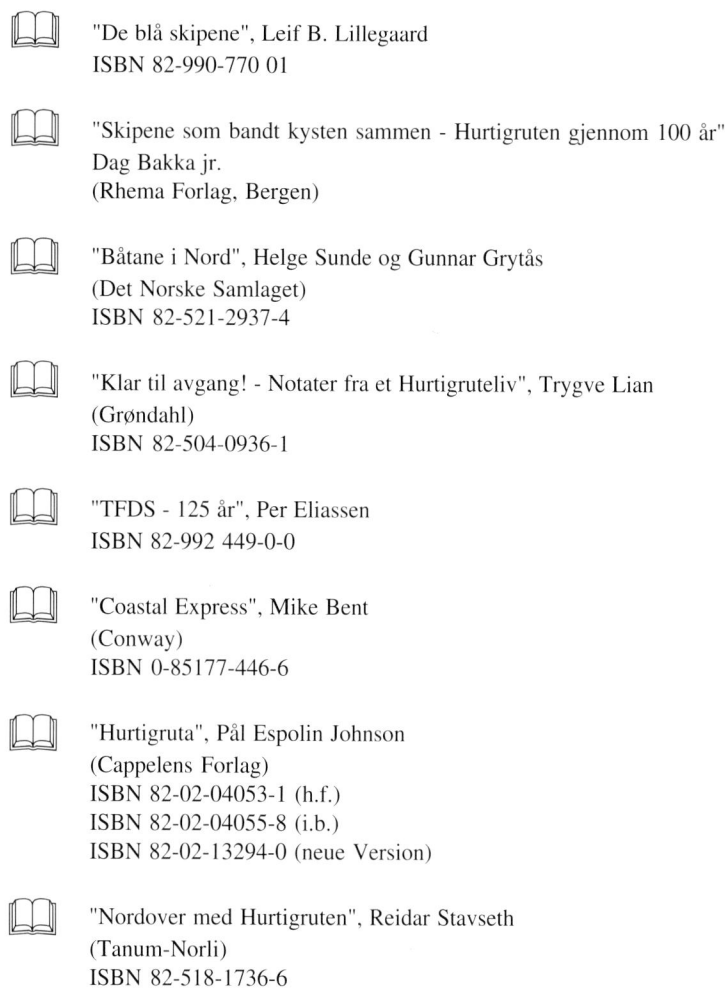

"De blå skipene", Leif B. Lillegaard
ISBN 82-990-770 01

"Skipene som bandt kysten sammen - Hurtigruten gjennom 100 år",
Dag Bakka jr.
(Rhema Forlag, Bergen)

"Båtane i Nord", Helge Sunde og Gunnar Grytås
(Det Norske Samlaget)
ISBN 82-521-2937-4

"Klar til avgang! - Notater fra et Hurtigruteliv", Trygve Lian
(Grøndahl)
ISBN 82-504-0936-1

"TFDS - 125 år", Per Eliassen
ISBN 82-992 449-0-0

"Coastal Express", Mike Bent
(Conway)
ISBN 0-85177-446-6

"Hurtigruta", Pål Espolin Johnson
(Cappelens Forlag)
ISBN 82-02-04053-1 (h.f.)
ISBN 82-02-04055-8 (i.b.)
ISBN 82-02-13294-0 (neue Version)

"Nordover med Hurtigruten", Reidar Stavseth
(Tanum-Norli)
ISBN 82-518-1736-6

"Norske Skipspost Stempler",
Peer Eirik Danielsen og Anders Langangen
(Norsk Filatelistforbund og Filatelistisk Forlag)
ISBN 82-90272-47-2

"Sørgående Hurtigrute Savnet", Leif B. Lillegaard
(Aventura)
ISBN 82-588-0220-8

"Dramaet Folla", Leif B. Lillegaard
(Gyldendal Norsk Forlag)
ISBN 82-05-10910-9
ISBN 82-05-10911-7

"Posten På Kystens Riksvei"
Utgitt av Postmuseet 1993

"Den Vakreste Reisen - Loggbok fra en Hurtigrute",
Karl Erik Harr
(Cappelens Forlag)
ISBN 82-02-14080-3

"Kysttrafikken gjennom tusen år", Reidar Brandsberg
ISBN 82-991813-1-3

"Bergenske", Dag Bakka jr.
(Seagull Publishing)
ISBN 82-91258-01-5

"Hurtigruteskipene gjennom 90 år - en uvormell studie i skipstypenes
utvikling", Bård Kolltveit
(in : Norsk Sjøfartsmuseum Årsberetning 1982)
ISBN 82-90089-11-2

"De flytende hoteller", Bård Kolltveit
(in : Norsk Sjøfartsmuseum Årsberetning 1980)
ISBN 82-90089-09-0

"Der Passagier der Polarlys", Georges Simenon (Krimi)
(Diogenes DeTeBe 21377)
ISBN 3-257-21377-8

"2500 Seemeilen mit dem Schnelldampfer"
(Nortra Books)
ISBN 82-90103-09-3

"Hurtigrute - Ein Reiselogbuch"
"Salzwasser im Blut", C. Jungblut
beides in: GEO-Special "Norwegen"
ISBN-Nr.: 3-570-19012-9
ISSN-Nr.: 0723-5197

"Die Schönste Seereise der Welt - Hurtigrute"
in: Norwegen - Das Offizielle Reisehandbuch 1994
(Nortra Verlag)
ISBN 3-88839-309-4

(Achtung! Bei Bestellung von norwegischen Büchern außerhalb Norwegens fragen Sie zuerst nach dem Preis, denn hohe Exportsteuern verteuern die Bücher enorm. Norwegische Bücher kaufen Sie daher am Besten im Land selbst)

Aus unserem Verlag:
"Hurtigrute - Traumreise entlang der Norwegischen Küste"
Video cirka 98 Minuten, DM 79.--
(Drei Bären Verlag)
ISBN 3-9803894-1-3

"Hurtigrute" - Video 45 min.
(Komplett Video)
ISBN 3-86148-406-4

♪ "Polarlys", Ragnar Olsen
GTACD 8011

♪ "Goaskinviellja - Ørnebror", Mari Boine
MBCD 62

♪ "Innerst i sjelen", Sissel Kyrkjebø
Mercury 552 078-2

♪ "Muittut", Berit Nordland
Lásis CD-1

♪ "Dálveleaikkat", Nils-Aslag Valkeapää
DATCD-17

Ein echtes Seepferd an Bord der "Nordstjernen"?

STICHWORTVERZEICHNIS

Sie finden hier die im Text aufgeführten Orte, Sehenswürdigkeiten und Schiffe (mit " gekennzeichnet):

Der *Drei Bären Verlag* präsentiert:

Hurtigruten -
Traumreise entlang der
norwegischen Küste

Auf diesem Videoband wollen wir Sie auf eine ganz persönliche, unvergeßliche Reise mitnehmen. Erleben Sie die Fahrt mit der "MS Nordstjernen", einem der traditionellen Postschiffe der Hurtigrute.

"Leinen los ..." zu einer absoluten Traumreise:
im März entlang der norwegischen Küste, dann,
wenn der Winter dem Frühling die Hand reicht.

Der Film zum Buch!
VHS-Video, Spieldauer ca. 98 Minuten, mit norwegischer Musik, **im Schmuckkarton mit beiliegender Landkarte**,

ISBN 3-9803894-1-3   unverbindl. Preisempfhelung DM 79.-

Svalbard, - dieser Traum sollte nun wahr werden. Schon frühe Pioniere waren fasziniert von diesem Land und so ergeht es auch heute noch jedem Besucher. Wer einmal diese Luft geschnuppert hat, der ist diesem Teil der Erde auf immer verfallen.

Begleiten Sie uns auf einer unvergeßlichen Seereise ins Land der Eisbären und Gletscher zum 80. Grad nördlicher Breite. Es geht entlang der Westküste Spitzbergens an Bord der "MS Nordstjernen" und zurück an die "südlichen" Küsten von Norwegen. Eine Woche voller faszinierender Bilder und grandioser Erlebnisse, acht Tage, in denen Passagiere und Crew zu einer eingeschworenen Gemeinschaft verschmolzen sind. Das sind Erlebnisse in der Arktis, die man nie vergißt. Meer und Wind, Eis und Schnee, imposante Gletscher und liebenswerte Orte werden Sie genauso verzaubern, wie alle Eismeerfahrer vor uns.

Also dann:
Mütze auf und Handschuhe an und sie kann losgehen,
- unsere Kreuzfahrt in den arktischen Sommer!

Beschreibung einer Kreuzfahrt nach Spitzbergen und Rückreise mit der Hurtigrute, 296 Seiten, 607 Farbfotos, 8 Kartenskizzen, Übersichtskarte Spitzbergen und viele Zeichnungen.

ISBN 3-9803894-2-1   unverbindl. Preisempfehlung DM 79.-

... erhältlich in Ihrer Buchhandlung

DBV - Köhlerstr. 7 - 82110 Germering - Tel.: 089 - 84 04114 / Fax: 089 - 894 84 02

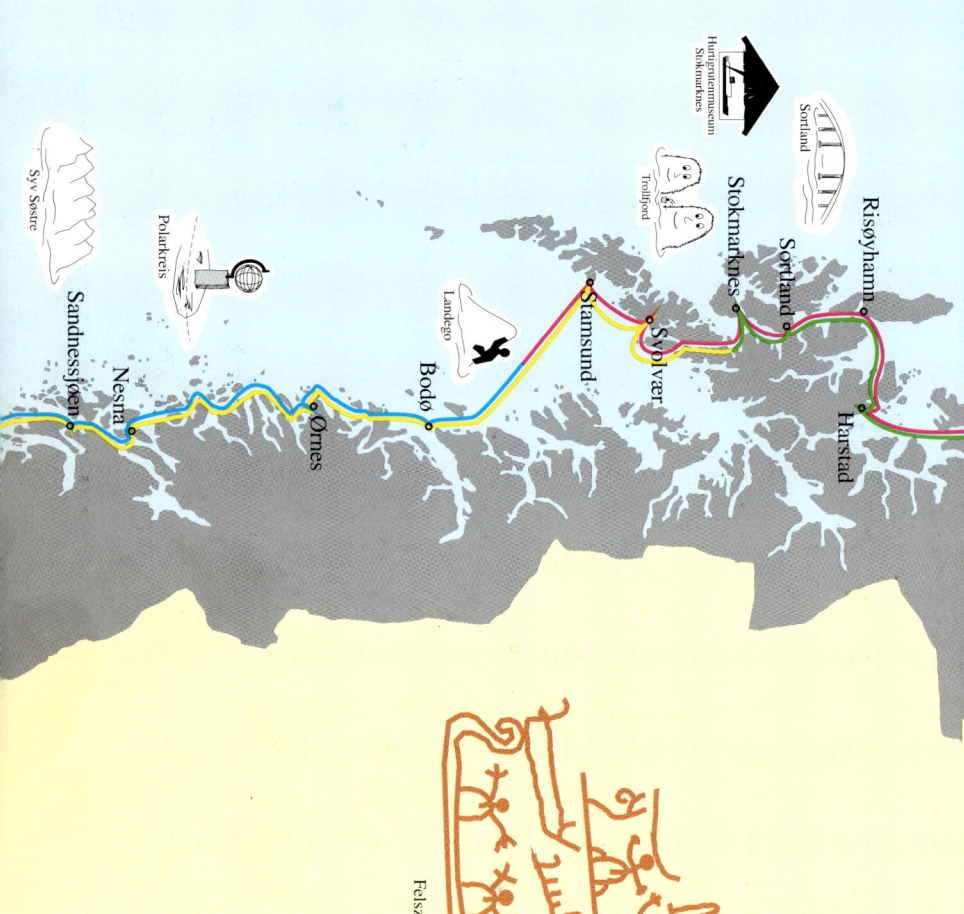

Syv Søstre

Sandnessjøen

Nesna

Polarkreis

Ørnes

Bodø

Landego

Stamsund

Svolvær

Stokmarknes

Sortland

Risøyhamn

Harstad

Trollfjord

Hurtigrutenmuseum
Stokmarknes

Sortland

Felszeichnungen bei Alta

Die eingezeichnete Schiffsroute ist auf dem
Nordkurs abwechseln **gelb** und **grün**, auf dem
Südkurs **pink** und **blau**.
Die Farben wechseln um Mitternacht, sodaß
Sie ablesen können, welche Strecke Sie am
jeweiligen Tag zurücklegen.